文庫本は何冊積んだら倒れるか

ホリイのゆるーく調

堀井

社

文庫本は何冊積んだら倒れるか

ホリイのゆるーく調査

目次

まえがき（堀井憲一郎くんが書いている）

ゆるーく調査の本だ。

『本の雑誌』という本の雑誌に「ホリイのゆるーく調査」というゆるい調査記事を連載していたところ、それを本の雑誌的にゆるーく綴じて、ゆるい本にしてみてはどうかという話になったのである。

しかし、ゆるく綴じると本を紐といたときにばらばらになるから、とりあえず調査はゆるいままでしかたないとして、本だけはきちんと堅く綴じて出そうということになり、しっかり綴じられて、こんな1冊になった次第であります。こんにちは。

綴じ方は堅くしておいたが、内容はゆるめにしてある。

本などに関する、きわめてゆるやかで、のびやかで、すめやかで、ほややかな調査が並んでいる。ほわっと調べて、ふにゅっと書いているだけなので、できれば、ほろろんな気持ちでおだやかに読んでいただきたい。あまり、目をつり上げ、肩をいからせ、イカを語らせ、タコにも語らせ、酢味噌もつけずに読んでいただくようなものではない（酢味噌はイカにつけましょう）。書物に関する堅くまじめな調査を読みたい場合は、「本の調査」綱「まじめ」目「生真面目」科あたりを検索してみられたらいかがでしょうか。

ビールとホタルイカの酢味噌和えなどを用意していただき、そのお供として当書をご利用いただくのがいいとおもう。ないしは香ばしい紅茶とマドレーヌを用意していただくのもよいかもしれない。ただ、マドレーヌを紅茶につけてはなりませぬ。ホタルイカをビールに浸けるのもよくありませぬな。味が混じって記憶が混濁します。

いやしかし、こんな本にまえがきっていりますかね。

まあ、何か、それらしいことを書いたほうがいいってことなんだろうけれど、あまり浮かばない。しかたないから、格言じみた言葉を並べてみる。

人はまえがき、人は城。人は石垣、石垣くんは元気かね。

まえがき死すとも、ジュール・ヴェルヌは死せず。

まえがきは歩いてこない、だから歩いていくんだよ。

蛍の光、まえがきの雪、ふみ呼ぶ築地、重ねて豊洲、次は辰巳。

これぐらいが限度です。本文へどうぞ。

カバーデザイン・杉山健太郎

文庫本は何冊積んだら倒れるか

ホリイのゆるーく調査

文庫本は何冊積んだら倒れるか

かつて、持っている本が本棚にすべて収まっている時代があった。

ずいぶん昔の話である。まだ人と神とがあまり区別のついていなかったころのことだとおもう。いまはもう、ただ、あふれている。本は、買われた直後から、横にされて積み上げられている。すべて背表紙をこちらに向けて、何の本だかわかるようになって、積み上げられている。すべてうちの話です。でも、あんたんところも似たようなものじゃないかとおもうけど。

ちなみにいま、机の左に積まれてる本を眺めてみると、『東京ディズニーシー完全ガイド』が一番下にあって、下から順にヘミングウェイ『移動祝祭日』、森見登美彦『四畳半神話大系』、『ヘッセ詩集』、内田樹『ためらいの倫理学』、藤野恵美『わたしの恋人』、泉鏡花『歌行燈・高野聖』、島崎藤村『千曲川のスケッチ』……文庫43冊と新書11冊、単行本1冊が積まれていた。55冊。倒れないのが不思議だ。いちおう、うしろの本棚にもたれかかっている。

それでは、素で文庫本をどんどん積み上げていくと、何冊くらい積み上がるのか、やってみることにした。「本の雑誌」編集部におもむき、そのへんに詰め込まれている文庫本を引っ張りだしてもらって、どんどん積んでみた。わーいわーい。なんか楽しい。

うちとちがって、ここでは出版社ごとに文庫がまとめられているので、出版社ごとに積んでみた。あまり深い意味はない。

まず岩波文庫から。

口の端を指で横に引っ張って、「岩波文庫」って言ってみな。イワワミウンコ。うわー。うんこって言ったー。言ってないよー。言ったよー。

すすめます。「真理は万人によって求められることを自ら欲し、芸術は万人によって愛されることを自ら望む」って感じのイワワミウンコです。こら。岩波文庫です。

岩波現代文庫も混ぜました。それにしても岩波文庫は、分厚いです。現代文庫の『岡倉天心『茶の本』を読む』を一番下に、プルーストから、芥川龍之介随筆集にトルストイなど、どんどん積んで42冊。夏目漱石の『坑夫』まではぐらつきながらも耐えたけれど、そのうえにチョムスキーの『統辞構造論』をのっけたら倒れました。漱石とチョムスキーはあまり反りが合わないのかもしれない。チョムスキーの本は横書きだからかなあ。

岩波文庫43冊めで倒壊。

文庫本の厚さによって冊数なんか変わっていくから、冊数で示すのは意味がないんじゃない

反りの合わない二人

かという意見があるかもしれないが、そもそもこの調査じたいにさほど意味がないので、却下します。「諸君、異論はあるか。あればことごとく却下だ」というのがあたしの座右の銘です。左右の姪でもあります。続いていきます。

つづきましては、講談社文庫。

講談社文庫は創刊されたときの風景をよく覚えている。妙な色の文庫がずらっと、京都の駸々堂本店に並んでいたのを覚えてます。駸々堂、元気かなあ。元気じゃありません。もう、存在しません。

講談社はミステリーが多い。『文庫版　寄生獣』も入っている。背の色がいくつかあって、これ、著者に選ばせるんだよね。おれも講談社文庫に1つだけ入っていて、そのとき選ばされた。

講談社文庫は36冊はOKだったが、37冊目の『闇の喇叭』で倒れました。有栖川有栖。その下36冊めは町田康の『猫とあほんだら』でした。

講談社文庫37冊めで倒壊。

ここで手伝ってくれていた本の雑誌社のマツムラさんが、メジャーを持ってきてくれて高さを測ることになった。うーぬ。ぬかりがないぞ。36冊『猫とあほんだら』積んだところで58センチと8ミリあたりで、その次を載せたら倒れました。倒れるときは、ジェンガとかと同じ感じでゆっくりと倒れていくので、上のほうを押さえると、大倒壊はまぬがれます。これ以降こういう作業をされるかたは、そこ気をつけてね。

次は集英社文庫。

39冊めの桜庭一樹『ばらばら死体の夜』まではぐらぐらしてましたがばらばらにはならず、40冊め湊かなえ『白ゆき姫殺人事件』で。ぐらぐらのばらばらのばったりです。倒れました。井上真央がこっちをじっと見ています。そういう表紙です。

集英社文庫は40冊めで倒壊。39冊で52・3センチ。

つづいて光文社文庫。

36冊めの東川篤哉『はやく名探偵になりたい』はセーフ、次の内田康夫『遠野殺人事件』で倒れましたな。

光文社文庫37冊めで倒壊。36冊で53・7センチ。

最後は新潮文庫。ことし(2014年)100年になるとか言ってた。いや文庫じしんがね。

100年の重みなのか、ここはどんどん積み上がります。49冊積み上がって、そこで65センチを越えていた。50冊めで倒れた。かなりがんばるやつだ。倒したのは塩野七生『ローマ亡き後の地中海世界1　海賊、そして海軍』です。帯によると『ローマ人の物語』の衝撃的な「その後」です。この文庫を下の49冊は支えきれなかった。まあ、しかたな

倒れる直前！

いか。ローマ亡き後だからなあ。

新潮文庫50冊めで倒壊。49冊で67・5センチ。

さいご、雑多に混ぜて、各社の文庫本を積んでみた。これは40冊55・8センチまでOKで41冊めで倒れました。倒れるときでも前のめりだったりはしません。そもそも坂本龍馬はそんなこと言ってません。

新潮文庫はどうも積み上げに強いようである。冊数で並べると光文社36、講談社36、集英社39、岩波42、新潮社49。各社連合40でした。

●文庫本は何冊まで積めるか？

岩波文庫	42冊	計測せず
講談社文庫	36冊	58.8cm
集英社文庫	39冊	52.3cm
光文社文庫	36冊	53.7cm
新潮文庫	49冊	67.5cm
各社連合	40冊	55.8cm

新潮文庫はほかの文庫とちょっと造りが違う。本の天（てっぺん）が不揃いで、紐の栞がついている。あと、カバーがつるつるしていない。そういう造りが「積み上げ」に強くなってるのではないだろうか。それともただ「100年の重み」で持ってるだけかもしれない。それはあと100年経たないとわからない。そのへんは今後の研究が待たれるところだが、誰も研究しないので、待っても哀しいだけである。気をつけてもらいたい。

文庫を、何にももたれかからせないで、野づらで、広場に積み上げると、だいたい40冊くらいで倒壊するので、すべてのローマ人はそこに気をつけて欲しいというのが今回の結論である。もちろん、日本人は何も気をつけなくてもいい。ぢゃ。

『坊っちゃん』のしおりは何ページに挟まっているか

親譲りの水鉄砲で、小供のころから水ばかり掛けている。

うーん。水鉄砲。ちょっとよくわかんない。つまり『坊っちゃん』だ。坊とちゃんのあいだに「っ」が入る坊っちゃん。おお。漱石の『坊っちゃん』はいろんな文庫で出てるので、まとめて買ってきた。

大人の文庫で5つ出ていた。

子供の文庫でも3つほど出ていた。大人の文庫と子供の文庫ってえのがあるんだな。

高田馬場の本屋でいえば3階で売っているのが大人の文庫で、5階で売っているのが子供の文庫だ。5階は漫画と参考書と文房具と子供の文庫を売っている。カレンダーも売ってます。

水鉄砲はたぶん売ってない。

各社の文庫を読み比べてみたが、だいたい同じです。心配しなくてよろしい。

そこで「しおり」位置をチェックすることにした。

しおりは気になる。

おしりも気になるが、しおりは気になる。りしおは気にならない。りしおって知らないからね。はい。しりおも知りません。

「小供の」時分、本を買うと、しおりがすごく気になった。おれはね。小学生のとき大事にしていた『ドリトル先生』シリーズ12冊は、たしか岩波書店から井伏鱒二と菊池桃子が協力して訳して出してたとおもうけど、菊池桃子じゃないな、何とか桃子さんとで出してたとおもうけど箱入りで立派な本でした。あの本には、2本の紐のしおりがついていた。色つきのと、白いしおりがついていました。記憶違っていても確かめたくないので、そうだったとします。

広辞苑が眩しい岩波しおり

紐のしおりだから、買ったときは、どっかのページに、くるっと丸められて挟まれてます。「の」の字のようなというか、筆記体のLを逆さまにしたようなというか、そういう形で収納されてます。それに惹きつけられ、買ったときの状態を動かさずに、そのままにしておこうとした。本は読みながら、しおりは最初の状態で残したかった。なんかよくわからないけど、必死でそうやってました。親譲りの水鉄砲だからしかたない。それを友人にも勧めた。友人のオオムラくんにもしおりは使わず買ったときのままの形で残すのがいいぞ、と強く勧めました。

よくわからない。オオムラくんは元気だろうか。ドリトル先生は月から帰ってきたんだろうか。たぶん帰ってます。

あれからもう50年ほど経ったので（読んでたのはアポロ11号が月に行く少し前です）『坊っちゃん』のしおり位置を調べます。

大人の文庫で調べた。

岩波、集英社、小学館、文春、志ん朝。おお。志ん朝文庫。いよっ矢来町！　はい。矢来町ですけど、志ん朝ではなく新潮社の新潮文庫です。とりあえずおれが買った1冊ぎりの本のどこにしおりが挟まっていたかの調査です。意味があるのかって、あるわけないじゃん。

この中で、文春文庫だけは「こころ＆坊っちゃん」という、無茶苦茶に毛色の違う二作を一緒にしていて、しおりは『こころ』の十一のところに挟まってますた。先生はまるで世間に名前を知られていない人であった、そこです。どこでしょう。１７９ページです。先生は大学出身であった、でもあるところです。わかりましたか。

抱き合わせで売ってるのは文春だけで、他社はみな坊っちゃん単体で買えます。岩波文庫が62ページに挟まっていて、小学館文庫が84ページに挟まっていて、集英社文庫が１１０ページに挟まっていて、新潮文庫が１７６ページに挟まっていました。どうでしょう。聞かれても困るか。

そもそも同じ作品でありながら、つまりまったく同じテキストを印刷しているはずなのに、

●『坊っちゃん』しおり位置

	挟まってたP	本文P数	
小学館文庫	84-85P	199P	42.2%
岩波文庫	62-63P	142P	43.7%
集英社文庫	110-111P	174P	63.2%
新潮文庫	176-177P	179P	98.3%
文春文庫	178-179P	423P (151P)	42.1%

厚みがずいぶん違う。解説やら年譜やら感想やら写真集やらのおまけの部分が違うから、本そのもののページ数が違うのは当然だけど、本文テキストに限ってもページ数が違う。もっとも薄い岩波は１４２ページで、厚い小学館は１９９ページある。50ページ以上違う。どういうことだ。誰かが途中で何か食べたのか、と聞きたくなるが、誰も何も食べてません。

字の大きさが違う。岩波のはちっちぇえ。小学館は大きいうえにページ下部を広く開けてあって、そこに注釈を入れてる。だから厚みが違ってくる。

岩波のしおりが挟まっていた62ページは「らない冗談をするなと銭をおれの机の上に掃き返した」というところで、小学館の84ページは「ないんだから――君がもしここで乱暴を働いてくれると、僕は非常に迷惑する」というところです。ただその左ページ10行目11文字目から「らない冗談をするな」という部分がある。つまり、岩波と小学館のしおりはだいたい同じ位置に挟まってたってことだ。ちょっと感心しますた。さすが近いところにある出版社同士のことはあるな。どっちも神保町でついでに言うなら本の雑誌社も近いぞどーん。はいはい。

集英社は「の時分出かけるのですか、遅いじゃないかと言う」ってとこ。赤シャツとの会話です。このあとうらなりが追放される話を聞く。

新潮は「教頭は角屋へ泊って悪るいという規則がありますか」だ。左ページ最後が「ぽかんぽかんと両人《ふたり》でなぐったら「もう沢山だ」と云った」で、次ページが、清の墓は小日向《こびなた》の養源寺にある、になる。そこでぽてちんお終いです。ほぼ終盤のところにしおりが挟まってた。そういうこともありますぜ矢来町。新潮社は新宿区の矢来町ってとこにあって、古今亭志ん朝も矢来町に住んでました。説明してるとむなしい。

というわけで、しおりって真ん中あたりに挟まってるんじゃないか、とおもっていたが、そうでもないぞ、気をつけろ、はちみつ泥棒、というのが今回の結論だ。とっぴんぱらりのぷー。さんのハニーハント。

ハヤカワ文庫と講談社文庫のすきまに住めるのは何か

いろんな文庫本を並べると不揃いである。でこぼこしている。でこがあれば、ぼこがいる。ポコがいるならペコがいる。光あるところに影がある。

つまり、文庫本には身長差があるのだ。

おいらは、どうも不揃えなものは気になってしまう。つい揃えたくなる。

たとえば、うちに届く年賀状の高さもずいぶんと不揃いなので、気になって、背の順に並べ替えてみる。毎年の恒例である。だいたい私製ハガキで作られた年賀状が毎年一番大きく、お年玉付き官製ハガキのうち「家族写真が貼って裁断されている年賀状」がもっとも小さいです。家族写真が貼ってあると四辺を裁断するらしい。なんかうちにくる年賀状はそうです。そういえば、かつて、もう20年くらい昔になりますが、「お年玉付き年賀状の当選番号判読機」という巨大な機械が正月明けの郵便局に設置されていたことがあった。見たのは東京中央郵便

局と新宿中央郵便局くらいだったけど、かなりでかい機械で、そこにお年玉付き官製年賀状をセットしてボタンを押すと、どんどん読み込まれて、当選と落選と判読不能の3つに分けられていくという、ちょー未来的な機械でした。でも、この四辺を裁断した楽しげな家族写真の年賀状を入れると、噛んでしまって機械がうぃーんうぃーんと停止するようになったのだな。翌年くらいから見かけなくなった。官製ハガキの大きさはすべて同一であるはずという郵政省の夢を、家族写真が砕いた瞬間でした。あの機械はいまどこで何をしてるんだろう。第3新東京市にあるんだろうか。

文庫の身長差の話でした。

身長を測りました。新潮の身長だけではなく、てきとうに文庫を選んで、てきとうに文庫の身長を測りました。むかしの身体測定の身長を測るのはてきとうでしたからねえ。かかとを浮かして2センチくらい稼いだもんです。何時代の話だ。昭和時代です。

さて、文庫の身長を測ってみたところ、低いのは岩波や講談社、高いのはハヤカワ文庫だということが判明いたしました。

講談社は14センチ8ミリとちょっと。ハヤカワ文庫は15センチ7ミリ半くらい。9ミリほどの差がある。かなり大きいよ。タワーだとおもってみれば講談社文庫タワーは148メートル、ハヤカワ文庫タワー157メートルってことになって、9メートルも違うことになるぞ、って、何の説明にもなってないわ。だったら、講談社星雲まで148パーセク、ハヤカワ星雲は157パーセク、その差9パーセクって言えばどうだって、もっと意味わかりません。

並べてみればわかります。

講談社文庫を並べて、その隣にハヤカワ文庫を立てると、すごくすき間ができる。何かが住めそうである。

ちょっと夏目漱石を住まわせてみた。

『坊っちゃん』はするりと入る！

講談社文庫の村上春樹をずらりと並べて、ちょっと司馬遼太郎も入れたりして（うちで目立つところにあった講談社文庫だからです、さほど意味はない）、その両端にハヤカワ文庫のレイモンド・チャンドラーを1冊づつおいた。9ミリの落差ができる。さて、そこに夏目漱石の文庫本は入るだろうか、という実験である。おそらく、文学史上、初めての画期的な実験だとおもわれる。

新潮文庫の夏目漱石を挟んでみた。まあ、新潮文庫で揃っていたからだ。

新潮文庫の夏目漱石で、もっともスリムなのは『坊っちゃん』である。240ページ。するっと入った。親譲りの無鉄砲だけど、ハヤカワ文庫と講談社文庫の身長差のあいだには入った。気をよくして、おもいきって『吾輩は猫である』を住まわせてみたが、これは無理だった。どこで生まれたか頓と見当がつかぬだけはある。ちょっと描写に無駄が多いんではないか。なんて、何のだめだしだ。猫は、漱石文庫のうち2番目に太いからね。漱石でもっとも太いのは、明るいところと暗いところとか何とかいう最後の未完の作品である。未完だからページ数が定かではなく、とても太いのである。名前はまだない。うそです。

　スリムなほうは、坊っちゃんのあと『草枕』『坑夫』『門』とつづく。『坊っちゃん』『草枕』『坑夫』が漱石のスリム三部作と呼ばれている。いや、おれがさっき名付けました。『門』は前期三部作の三作目です。三部作を書いてると三つめが細くなってしまうのだよ。作家はつらいのだよ。しらんけど。

　ハヤカワ文庫と講談社文庫の身長差空間に漱石スリム三部作のうち『坊っちゃん』『草枕』は入ったが、『坑夫』が入らない。さっきから松原を通ってるんだが、松原と云うものは絵で見たよりも余っ程長いもんだ。うんうん。この、坑夫の書き出しもおれはずいぶん好きなんだけど、どうでしょう。坑夫ってあらためて読むとめちゃ面白いんだけど、うーん、まあいいか。何時《いつ》まで行っても松ばかり生えていて一向要領を得ない。そう。要領を得ないのだよ。そのうえ、文庫身長差空間に入らなかった。その証拠には小説になっていないんでもわかる。うん。そういうことだ。どういうことでしょう。ハヤカワ文庫と講談社文庫の身長差が大きいと言っても、その差の空間に住めるのは漱石では2冊しかない、ということだな。

　ちなみに新潮文庫の中ではスリムさが目立つカフカの

●文庫の身長差比較

文庫名	身長(mm)
講談社文庫	148.3
岩波文庫	148.3
角川文庫	149.3
新潮文庫	151.0
中公文庫	151.7
文春文庫	152.2
集英社文庫	152.7
ハヤカワ文庫	157.4

『変身』や、テッド・ウィリアムズの『ガラスの動物園』はすっと入ります。あー。テネシー・ウィリアムズですね。テッドは最後の4割打者だったぜかっとばせかっとばせテッド。

ハヤカワ文庫と講談社文庫の身長差が大きいと言っても、そのすきまに入って住める文庫本はさほど多くないのである。みんなもどの細い文庫だとそこに入るか、いろいろ自分でやってみよう。結果は報告してくれなくていいです。ぢゃ。

いろんな文庫本をハダカにしてみた

人は生まれてくるときは、みな、裸である。そしてまた文庫本も生まれてくるときは、みな、ハダカであった。いまでこそ文明的なカバーなどというものをまとってはいるが、文庫本は本来、ハダカだったのである。

かつて文庫がみなハダカであったころ、文庫はハダカを恥じてはいなかった。堂々とハダカであった。お互い、ハダカのまま書店の棚に並んでいたものである。だから文庫のハダカに興奮するものなどいなかった。

いまは違う。すべての文庫はカバーで覆われ、すべての道はローマに通じなくなった。すべての道はいまは東京外環道につながっているらしい。

文庫がすべてハダカであったのは昔のはなしである。ザ・ローリング・ストーンズがまだ解散しておらず、フィデル・カストロが生きていたころだ。あああ。うーん。そうそう、ザ・ビ

ートルズが解散しておらず、チェ・ゲバラが元気だったころだ。1960年代。

まだ、岩波文庫と新潮文庫と角川文庫しかなかったようにおもう。創元推理文庫もあったのかな。まあ、そのころです。みんなが小学生だったころだ。おれとその周辺がみんな小学生だったってことですけど。講談社は文庫を出してなかった。講談にかまけていた（未確認）。集英社も文藝春秋も文庫を出してなかったですね。

そのころ、書店に置かれている文庫はみなハダカだった。ときに帯を巻いている子もいたが、悪代官にもぎとられたりしたのか、帯も巻いてない文庫も多かった。

上等な文庫は硫酸紙によって包まれていた。硫酸紙だったとおもう。角川文庫がみな硫酸紙で包まれていたような記憶があるが、適当です。

1970年代になってみんなが中学生になったころ、講談社が講談にかまけていることをやめて（未確認）、文庫を出した。これも最初はカバーがついてなかったと記憶している。すくなくとも、京都の駸々堂書店の本店では、棚にずらっとハダカの講談社文庫が並んでいたはずである。当時は、たぶんジャンル別に色が違っていて、緑色やオレンジ色のけっこう派手なハダカの講談社文庫が並んでいたのが、日本の中学生の記憶であります。記憶違いかもしれないし、当時の京都の駸々堂書店本店の店員がものすごく文庫カバーが嫌いで、すべての講談社文庫のカバーをはずして並べていた可能性も否定できない。否定したいけど。

そのあと、徐々に文庫はカバーに包まれていった。おそらくテレビの放送がすべてカラー放送になり、テレビ画面に「カラー」という文字が映し出されなくなって、輪島や高見山のまわしの色がカラフルになったころから、文庫はカバーをつけられるようになったのでしょう。文庫ハダカ時代の終焉。

文庫の真の姿は隠されるようになった。そのあと創刊された文庫などは、ついにハダカ姿を晒すことのないまま店頭に並び、カバーの上にさらに書店カバーまでかけてもらい、そのまま読まれるようになったわけである。

そこで、文庫のカバーをすべてはずして、その真の姿を眺めることにした。

懐かしい岩波文庫と新潮文庫のハダカ

カバーをはずして、すごく懐かしい感じがするのは、やはり岩波文庫と新潮文庫ですね。角川文庫は、むかしと変わってますね。少なくともおれの記憶の硫酸紙角川文庫とはちがっている。岩波はまさにむかしながらの姿で、カバーないほうが正しいのではないかとおもってしまう。真理は万人によって求められることを自ら欲し、芸術は万人によって愛されることを自ら望む。うんうん。よくわからん。これは岩波文庫にいまでもついている読書子に寄すという文章の冒頭である。書いたのは長嶋茂雄。ちがいます。岩波茂雄です。まあ、似たようなものだ。「携帯に便にして価格の低きを最主とするがゆえに、外観を顧みざるも内容に至っては厳選最も力を尽くし」と茂雄は言ってますね。1927年のことであります。外観は顧みられていません。でも、岩波文庫はカバーのない時代が長かったゆえに、カバーなくても耐えられる顔をしてるとおもう。

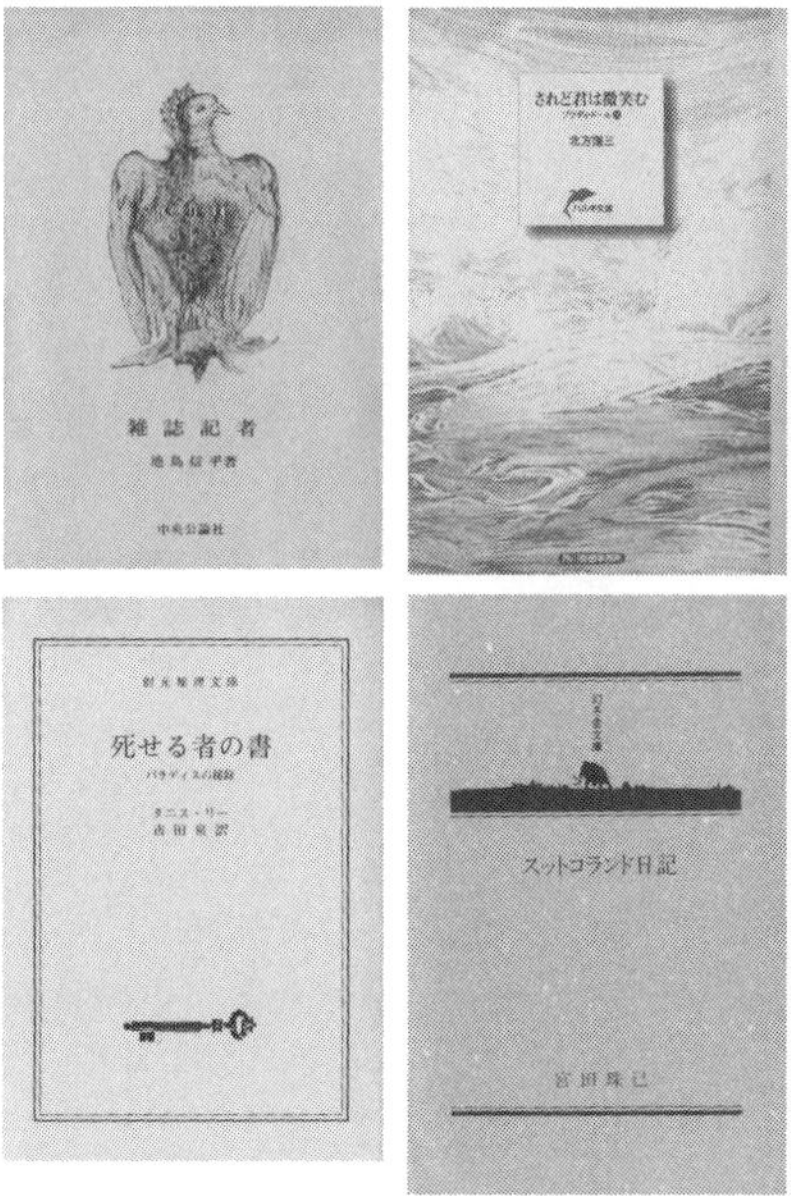

上／中公文庫の謎の鳥とハルキ文庫の金さん
下／創元推理文庫となんか可愛い幻冬舎文庫

　とりあえず手元にある文庫のカバーを手当たりしだいに剥がして、悪代官な気分になりつつも、並べてみると、たしかに顔が違いますね。もとよりカバーがあることが前提になっている文庫は、なんというか、顔に覚悟が決まっていない。

カバーを剥がした文庫の本来の姿では、どれがいいか、を選んでみた。

本の雑誌編集部員は「中公文庫の鳥のインパクトが強い」とこれを強く押しました。まあ、よくわからない鳥が大きく描かれていて、なんかメッセージ性がありそうなのにそのメッセージを受け取れない感じがして、受け取れないメッセージ好きにはたまりませんな。

よくわからない動物や、よくわからない植物が描かれているものが多い。創元推理文庫には

●ハダカがいいなとおもった文庫ランキング（ホリイ個人選抜）

1	幻冬舎文庫
2	岩波文庫
3	岩波現代文庫
4	新潮文庫
5	光文社文庫

●編集部員個人選抜

1	中公文庫（トリ）
2	創元推理文庫（カギ）
3	新潮文庫（ブドウ）

曰く「一トリ、二カギ、三ブドウ」

鍵が描かれていた。推理文庫らしいですな。なんか、すぐに複製できそうな鍵ですけど。

ハルキ文庫は海が描いてあって、ちょっと驚きます。「遠山の金さんみたい」との声が掛かった。たしかにこの、イルカの泳ぐ海が目に入らないか、と短歌を詠んでみたいですね。啖呵を切らないで、短歌を詠むところが値打ちです。

幻冬舎文庫が、カバーをとると、なんか可愛いなとおもいました。幻冬舎文庫を今回のハダカ文庫1位にしておきます。でも、おれ、幻冬舎文庫って1冊も持ってないです。買ったことがないんだなあ。まあしかたない。がんばれ。

あとは古風な岩波文庫と新潮文庫。それから岩波現代文庫はタイトルが縦書きでなんかインパクトがあるんでいいですね。文庫はハダカにすると、だいたいタイトルは横書きになっている。タイトル横書き主流。

まあ、そんな感じです。ぢゃ。

うろおぼえのベスト10

SFとは何の略なのか。

中学のときに、友だちと真剣に話し合ったことがある。1970年のことだ。当時は、SFが何の略なのか、京都の中学生は知りませんでした。まったくわからない。国語辞典を引いたけれど、載っていない。国語辞典に載ってないと、当時の中学生にはもう調べようがない。

そのうち、石森章太郎が「わたしにとってはSFとは、サイエンスとファンタジーです」と語ってたのを誰かが見つけてきた。その雑誌を見せられたので、全員、大きく納得した。石森章太郎は石森章太郎だ（残念ながら私は石ノ森章太郎という人を知らないし、そういう名前の人の本を1冊も持っていない。うちにあるのはすべて石森章太郎の本である）。

SFは「サイエンス・ファンタジー」の略ということに決定された。1970年の京都決議である。中学生5人決議。

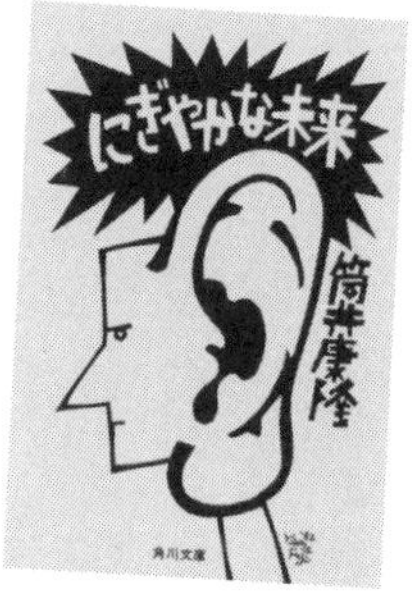

それでお願いします。

SFは大好きだったけれど、でも、そのころのおれはそんなもんでした。いや、いまでもそんなもんだけどね。そもそもSFといっても、石森章太郎と手塚治虫くらいしか読んでなかった。なんとなくジュブナイル小説は読んでいたような気がするが、でも内容もタイトルも覚えていない。

中学になると何人かの女子が星新一を読み出したので、なんか先を越されてるので反発して読まなかった。星新一は読まないぞ男子同盟である。1972年。ぼくとモトムラくんと、うーんと、それで全部かな。

1975年に筒井康隆の『にぎやかな未来』と『アフリカの爆弾』を角川文庫で読んで以来、SF小説を読むことに邁進するようになった。これは一人で決めたことなので1975年の決意です。どうだ。どうでもいいですね。はい。

海外のSF小説も手にするようになった。もともと近くの本屋の棚には、エドガー・ライス・バロウズの本が並んでいたのだ。それをときどき恐る恐る眺めていた。表紙はけっこうおっぱいを強調した女性の絵だった。小学生のころから気にはなっていた。とても気にはなっていたが、買う勇気はない。おっぱい表紙を買うくらいなら、火星を征服にでかけたほうがましです。おっぱい表紙を買ってるところが知れて、女の子にもてなくなったら困る。

高校を卒業するころになって、おっぱいの表紙でも買えるようになった。

ただ、このころから本を買うだけ買って、読まないことが多くなった。とにかく本が欲しいのである。本を買うと、安心する。買っておけば、いつかそのうち読むだろう、本は腐らんしのお、とおもって、持ってる金で次々と本を買っていた。

本は腐ります。

物理的にではなく、気分的に腐っていきます。そんなのは皆さん、先刻ご承知だとおもいますが、当時はまだ若かったから、まったく気づいてませんでした。

読みたいとおもって買った本は、ひとつきも手に触れないと、なんか腐っていきますね。本自身がすねてきて、「もう、読んでくれなくてもいいよ」という気配を出し始める。そうなると、手に取らなくなる。手に取っても、読み出せなくなる。そういうオーラが漂い始める。

1970年代後半に買って、きれいに並べていたSF本、大半は読まなかった。というかひとつも読まなかった。なんか、並べておくだけで幸せだったんだねえ。

そのころ、たぶんSFマガジンだとおもうけれど、海外SF小説のベストが発表されていた。よく発表されてるもののひとつだとおもうけど、当時は「これが真実のベストであるぞ」と強く信じて、その本を集めていた。

1位は『地球幼年期の終わり』だった。そこだけすごく覚えている。

あとベスト10に入っていたのは『火星年代記』、『虎よ、虎よ！』、『夏への扉』、『ソラリスの陽のもとに』である。このへんが上位です。あと『火星人ゴーホーム』および『発狂した宇宙』

があった気がする。この2つが同時に入るのは変かなあ。でもそういう記憶である。『宇宙船ビーグル号』もランクインしていたはずだが、そのへんからうろおぼえだ。

うまくおもいだせない。いま挙げたので8つですね。

そもそもいつ発表されたベストか、きちんと覚えてない。たぶん1975年か76年か77年あたりである。78年からおれは東京に出てくるからそれ以前であることはたしかだ。74年とか73年の古いものをあとになって見ていた可能性はある。とにかく、その5年のうちのいつかだ。最近になって、このうろおぼえのベスト10を読むことにした。このなかで学生時代に読んだのは『夏への扉』1作だけである。あらたに買い直して読み出した。

『火星年代記』を読んで、『ソラリスの陽のもとに』を読んで、『発狂した宇宙』を読んだ。『発狂した宇宙』は、本屋で売ってないみたいなので、古書をアマゾン経由で買った。『発狂した宇宙』の解説は筒井康隆で、最後に「それにしてもこの作品をこれから読むという人、ほんとにしあわせな人ですなあ」と結んであって、ああ、この文章、1970年代に読んだわ、とおもいだしました。ここだけ読んでたんですな。

みんな、すげえおもしろい。うおーと声出しそうにおもしろい

ですね。すごい。

１９７０年代に選ばれたＳＦベストなので１９４０から50年代の作品が多く、そのＳＦ的構想のみずみずしさも魅力ではあるが、同時に「１９５０年代の世界」がバックボーンとして存在していて、そこを読むのもとても楽しい。50年代の英米は楽しいさ。うん。次は『虎よ、虎よ！』を読んで『火星人ゴーホーム』を読む予定だ。どうだ。どうだってことはないですね。

このベスト10の正しい姿をきちんとおもいだしたいとはおもってるが、あまり脳がうまくはたらきません。

川端さんの文庫解説を奮発したのはだれか

前回に書いた「1975年くらいにSFマガジンだかに発表されていた海外SFベスト10」は、まだ思い出せない。だれか何か知っていたら教えていただけませんでしょうか。1位地球幼年期の終わり。2位火星年代記。です。ハインラインの『人形つかい』が入ってたような気もしてきた。わからん。もやもやする。知りたい。

というわけで、なんか、川端康成を読みたくなった。

川端康成は1972年の春に自死して、そのときたしかガス自殺だったとおもうのだけど、当時中学3年だったおれたちは、理科室のガス栓で「川端さんごっこ」をやっていましたが、秘密にしておいてください。

川端さんがノーベル文学賞を取ったのは1968年でした。その2年後に三島由紀夫が自決し、そのまた2年後に川端さんも死にました。ちなみに志賀直哉はその2人のあいだの年に死

んでいる。この人は自死ではありません。たぶん。

三島由紀夫の死と、川端さんの死が近いことに、何となくつながりは感じます。よくわかんないけどね。『川端康成・三島由紀夫　往復書簡』という文庫本が出てるくらいだから、ふたりは繁く連絡していたようだしね。怖い話も聞いた覚えがある。三島由紀夫と川端さんの怖い話。怖い話はおもいだすととても怖くなるので、おもいださないようにしています。

さて。

川端康成は、全集を新潮社から出しているし、「川端康成文学賞」も新潮社が主催しているので、新潮文庫で読むのがいいんでしょう。しかし、川端賞はあまり知られてない。2015年の受賞作は大城立裕の『レールの向こう』でした。いや、わたしも調べていま知ったんだけど。川端康成賞。うん。短編の賞らしい。短編って、賞をもらっても、その一作だけで単行本にならないから、なかなかむずかしいわね。

新潮文庫から、いま出てる川端康成の本は、書簡集を別とすれば12冊です。そこそこ出てます。いまさっき高田馬場の本屋で全部そろってました。買ってきました。まとめて買ったところで、ちょっと金を掛けすぎではないかとおもったけど、いまさらどうしようもないので、途中ビールを一杯飲んで、大事に抱えて戻ってきました。

気になるのは、解説です。

因縁浅からぬ三島由紀夫が、けっこう解説を書いている。

『伊豆の踊子』と『舞姫』と『眠れる美女』の3冊が三島由紀夫解説です。

眠れる美女などは、ノーベル文学賞川端康成の作品だとおもって読むから文学なのであって、これは素で読むと、ただの変態小説にしかおもえない。その変態小説を三島由紀夫は「文句なしに傑作」と断言しており、でもその同意者はあと一人しかいない、とも書いている（そう読めます）。

なんかもう、いろいろ妖しすぎます。

川端康成の文庫の解説は、昭和の文学界を背負ってるような人が書いている。

三島由紀夫が3本。山本健吉が4本。かつては解説でよく山本健吉の名前を見てましたねえ。あとは伊藤整に高見順、中村真一郎と中里恒子。小説家が解説を書いている。それに吉村貞司。この人は文芸評論家みたい。

おれも、新潮文庫の解説を書いたことあるのだけれど（川端さんじゃないです、あたりまえか）、依頼のとき「何枚書いてもらってもいいです」という、すごく大束《おおたば》な注文でした。え。ほんとに何枚も書いてもいいのか、と聞くと、少し怯んで、数十ページになるとかそういう非常識なことにならなければいいです、と釘をさされた。いやあ、数十ページは書きませんよ、と笑って応対していたが、でもいま確認したら14ページも書いていました。いやはや。まあ、たくさん書いたほうが、原稿料が多くもらえますからね。新潮文庫の解説は、1本いくらではなくて、1枚いくらで金がもらえるから、たくさん書くとたくさんもらえます。だからおいらは、ちょっと奮発しちゃいました。奮発するなよ。

では川端さんの文庫の解説で、文章を奮発したのは、だれかと数えてみました。ひまなのか。いえ、ひまではありません。

もっとも長く書いて、もっとも原稿料をたくさん引っ張ってきたのは『名人』の山本健吉で、142行です。いまの新潮文庫はたしか1行38文字詰めなので、原稿用紙にして14枚ほど。1枚5000円だと7万円ですねって、何の計算ですか。そもそもこれが文庫になったのは1962年、いまとずいぶん物価が違うから無意味な推察です。原稿料が1枚5000円なんて、当時としてはかなり高いのではないかしら。

ただ『名人』は薄い。今回並べた文庫の中ではもっとも薄い。176ページ。だから解説が

●新潮文庫の川端康成作品　解説者と解説文の行数

タイトル	解説者	行数	解説執筆年
雪国	伊藤整	101行	1947年
伊豆の踊子	三島由紀夫	103行	1950年
愛する人達	高見順	114行	1951年
舞姫	三島由紀夫	111行	1954年
千羽鶴	山本健吉	101行	1955年
山の音	山本健吉	85行	1957年
女であること	中里恒子	96行	1960年
みずうみ	中村真一郎	99行	1960年
名人	山本健吉	142行	1962年
眠れる美女	三島由紀夫	115行	1967年
古都	山本健吉	111行	1968年
掌の小説	吉村貞司	118行	1971年

長いのかもしれない。

三島解説は、『眠れる美女』115行11枚。『舞姫』は111行でやはり11枚。『伊豆の踊子』は103行で10枚です。三島由紀夫の原稿料ってどれぐらいだったんだろう。

さいきんの文庫の解説は、ときに「作品のあらすじをざっくり紹介しただけのもの」だったりすることがある。読んでいて、驚く。文庫の編集者に、これでいいの、と聞いたところ「だめです、とは言えないんです」と苦しげに答えてくれていた。そりゃだめですわね。

もちろん川端さんの文庫解説は、昭和20年代から30年代に書かれたものがほとんどなので（40年代が3つ）、きちんと文芸評論ふうに解説されています。まだ、日本に「型」があった時代ですね。やがて昭和の終わりにかけて型はなくなっていきました。わっしょい。

文庫カバーの長さは一尺三寸である

探している75年ころの海外SFベストというのはこれではないかといわれたのが、『別冊・奇想天外　SF再入門大全集』で、これは「ソラリスの年代記の終わり」が1位になっていて、あー、落ち着きなさいね、混じってますよ、幼年期の終りが1位で、火星年代記が2位、ソラリス3位、以下、夏扉、虎よ、宇宙眼、人間手、ビーグル、都市、盗街、火星人ゴーホーム、トリフィ、結晶世界、以上でベスト10だ。ベスト10だけど10以上あるぞ。気にするな。

さっきインターネット古本店で見ると800円くらいで売ってたので、買いました。着くのを待っている。…………。…………。ちょっと待ったくらいでは着かないみたいなので、もう少し待ちます。

川端康成の文庫本をまとめて13冊買って、6800円ほどかかってしまい、ここで2回くらい文章を書かないともとがとれないなあとおもって、積んであります。

川端康成の新潮文庫13冊が全部揃っていたので（高田馬場の芳林堂書店）あわてて、がさっと13冊つかんで買ってきたけれど（なんか、かっこいい、とおもったから。そして、すごく急いでたから）考えてみれば、うちに川端康成の文庫はすでにいくつかあって、さっき探したら『古都』は、こんかい買ったのと別に2冊ありました。どんだけ『古都』好きなんだ。まあ、好きだけどね。それと『伊豆の踊子』と『雪国』と『ジェーン・エア』もすでに買ってありました。ジェーン・エアはたぶん、川端くんが書いたやつじゃないとおもう。でも一緒にごっそり5冊出てきたので、ちょっとくらくらしてます。ジェーン・エリオット。それは偽名だわ。長い小説を読んでると、途中でどこに置いたかわからなくなって半日見つからず、続きを読みたいから我慢しきれなくなって、また、同じ本を買ってしまうことがよくありますが、見つからなかった本は、ものすごくわかりやすいところに置いてあったりして、とても驚きます。神のしわざですね。あ、ちがうちがう。妖精のしわざだ。

川端康成くんの文庫13冊目は『川端康成・三島由紀夫　往復書簡』という文庫本で、これを見ると、川端くんも、三島くんも、どちらも住所が明記されている。川端くんは鎌倉市長谷にずっと住んでいて、三島くんは渋谷区から目黒区、そして大田区南馬込と引っ越していて、住所が全部載ってます。さっきグーグルでその住所を入力してみたら、鎌倉市の住所はやはり番地が古いようで長谷のエリア全体を指し示したが、南馬込の住所はピンポイントで家を指しました。あらら。

まあ、むかしは作家の住所など、ふつうに公開されてましたからね。週刊少年マガジンには梶原一騎先生の住所も川崎のぼる先生の住所も載っていて、先生にはげましのおたよりを書こう、と書いてあったので、書いたことがあります。梶原くん、がんばっとるのーと書きました。いや、当時は梶原くんはがんばってたからねえ。

三島くんや川端くんにもいまファンレターを出してみたらどうなるんだろうと少し気になる。返事がきたらいいね。

この往復書簡集は2000年に出されて増刷1回だけの2刷です。たぶん、そのうち消されるんじゃないかとおもう。一緒に買った『雪国』は150刷で、『伊豆の踊子』は147刷です。数字の意味がわからないくらいたくさん増刷されている。変態小説『眠れる美女』は75刷でちょっと減ります。少ないのは『千羽鶴』で、これは22刷です。このあと売れないと、消されていくんだろうなあ。しかたない。

文庫には太いのと細いのがある。

『掌の小説』や『女であること』が太く、『名人』が細いです。

細いと背の部分は7ミリくらい。7ミリに本因坊名人の話が載っております。掌の小説だと、背幅は19ミリ。7ミリの名人が400円で、19ミリになると840円。太いほうがミリ単位ではお得になりますが、でも「掌の小説を、8ミリだけおくれ」とは買えないので、あまり意味がないです。

●川端康成新潮文庫と講談社文庫のカバー幅

	P数	背幅	カバー	折込	本体価格	背1mmあたり
掌の小説	656P	19mm	390mm	78mm	840円	44.2円
名人	176P	7mm	390mm	85mm	400円	57.1円
幽女の如き怨むもの	736P	28mm	392mm	76mm	1150円	41.1円
小説太平洋戦争1	383P	22mm	383mm	76mm	1000円	45.5円
真夏の航海	208P	8mm	370mm	75mm	690円	86.3円

ちなみに重さでは『名人』は98グラムほど、『掌の小説』は280グラムほどだった。名人のほうで100グラムあたり408円、掌の小説のほうで、100グラムあたり300円となって、まあ、太いほうがお得なのは変わらない。今日は、名人のほう、100グラムいただけますか。おくさん、ちょっと増えて103グラムになっちゃうけどいいですか。はい。

太さが違うと、カバーの長さは違っているのかしら、とカバーをはずして、開いて、重ねてみた。グラム408円の文庫でも、グラム300円の文庫でも、新潮文庫はカバーの長さは同じです。横幅が390ミリくらいっす。わかりやすく言うなら一尺三寸だ。一尺の寿司にも三寸の具というやつだ。聞いたことない。

どのカバーも同じ一尺三寸ということは背幅が広いと、折り込み部分が短くなって、狭いと長くなる。そういう道理だ。背幅が出れば、袖が引っ込む。『掌の小説』だと折り込んでるのは78ミリずつです。『名人』85ミリずつ折り込んであります。ふむふむ。まあ、そんなものだろう。

どの文庫でもそうなのか、と本の雑誌社にあった文庫のカバーをはずして並べてみたら、むむ。そうでもないぞ。講談社文庫はカバーの長さが違っておった。

講談社文庫の三津田信三『幽女の如き怨むもの』はおよそ一尺三寸、山岡荘八『小説太平洋戦争1』およそ一尺三寸だった。同じに聞こえますね。欧米に負けて、ミリで言ってみるか。三津田が392ミリ、山岡が383ミリ、カポーティ『真夏の航海』370ミリとなりました。講談社では細い文庫のカバーの紙は節約しておるのであった。うんうん。「そのほうが、金がかかるんではないか」と新潮文庫の人は言ってました。まあ、もう、夏ですから。

未読の悪魔はどれくらいで取り憑くか

本は腐る。

積んでおくと、読まなくなる。

読まなくなった本は、すでに腐っております。どん。腐った本、つまり読まなくなった本は、なんか重くなりますよね。宇宙理論からいけばそうなります。

実際にはなかなか腐食しない。水にでも漬けてなければ腐食しません。さきほど、わたしが受験のころに買っていた『黒猫』が出てきて、あたくしの受験といえば昭和51年から54年までの長きにわたり、耐えがたきを耐えず、忍びがたきを忍ばず、のんきにやっておりましたが、けっこう元気でした。焼けてるけど、腐ってはいない。40年でも腐りませんね。がんぐろなほどに焼けてましたが。受験が51年から54年ということは、さて、わたしは何年浪人したでしょうか。（昭和52年　北海道大学　文系）

本は40年くらい腐らないけど「読もうとおもって買った本」は、すぐに読まないと、けっこう簡単に腐ってしまう。

では、どれぐらいで腐るのでしょうか。

あんだけ読みたいとおもって買った本を机の脇に積んでおくと、何日くらいで読まなくなるんでしょう。

この場合、読まないというより「読めなくなった」という感じがするんですよね。

なんというか、見えない何かが取り憑いて、その本を開く力を阻止する。

ゴブリンのような、ロクブリンでもシチブリンでもいいですが、妖精というか小悪魔というか、ジャパンだから小さい妖怪ですかね、それが取り憑いて、でもって本が開かなくなるんだとおもう。シチブリンの魔力だ。なんかタイトルみたい。

本の小悪魔シチブリンは、買って、積んでおくと取り憑くんでしょうね。そして、時間が経つにつれて、その力を発揮していき、本を開かなくさせる。その力おそるべしハチブリン。増えてますよ。

うちの机の左に、いま積んである「すぐに読むんだもんねー。いますぐ読むんだから机の上にあってもいいんだもんねー」の山にある本を眺めてみました。

昨日買ったばかりの『ピーター・パン』と『ピノッキオの冒険』『ジャングル・ブック』の岩波少年文庫3冊は、まだ元気です。イチブリンも取り憑いていない。べつにこれは〝少年の心を失くさないために夏休みになったらいつも読むんだ！〟というような素敵なおバカな選択ではなく、本を書くための資料なんで、読みたくなくても読まないといけない本ですけどね。

1日では、未読の悪魔は取り憑かない。

通販の古本で買った『フローベルの鸚鵡』も、これはこの先読む可能性がかなり低いようにおもえますが、いまのところ買って3日なので、まったく古びてない。まだ、読まれたがってる気配がある。

『君の膵臓をたべたい』はたぶん、この先に新幹線に乗ったときに読むので大丈夫でしょう。『火花』も新幹線に乗ったときに読みましたからね。読み終わったらたまたま3時間くらいあとに芥川賞を取ってました。おれの新幹線の力も加わったかとおもうと嬉しいです。うんうん。がんばれ。というか、おれががんばれ。

未読の小悪魔は、漫画本にも取り憑いてしまう。『キングダム』と『銀の匙』はともに第1巻だけを一緒に買ってきたのだけれど、たまたま上に置いたキングダムを読み始めたら、止まらなくなり、10巻まで一気に読んで、10巻で止まってます。それは、東京中の本屋に10巻までしか置いてないからです。11巻から29巻までは（一部をのぞき）どこにもほぼ置かれてないです。早く刷ってくれたまえ中央精版。

銀の匙だって、読み出せば一気なのはわかっているが、そのまま置かれたまま2週間ほど積まれている。そろそろ危ない気配があるが、漫画は、導入の壁が低いから、腐るのがちょっと

●うちですぐ読むエリアに積まれてる本購入日と腐り始めてるぐあい

タイトル	購入	可能性
ピーター・パン	1日前	◎
ピノッキオの冒険	1日前	◎
ジャングル・ブック	1日前	◎
フローベルの鸚鵡	3日前	▽
君の膵臓をたべたい	4日前	○
グラゼニ　東京ドーム編3	5日前	済
キングダム10	7日前	済
銀の匙1	12日前	▽
日本文学100年の名作 第10巻	18日前	▽×
武蔵野	21日前	▽×
魔の山（下）	23日前	○
代表的日本人	23日前	▽×
火花	25日前	済
応天の門3	35日前	済
北槎聞略	44日前	×
友は野末に	65日前	×
世界はゴ冗談	73日前	×
舞台	390日前	▽

遅いとおもいます。とはいえ『ハイキュー!!』も1巻だけ買って積んであるままです。『グラゼニ』とか、『応天の門』などは、つづきなので、買うと読みますね。応天の門の道真&業平バディはいいっすよねえ。

怪しいのは3週間近く経った新潮文庫の短編集。100年の名作を10年刻みでアンソロジーにしてあるシリーズの、もっとも新しい10年ぶんのやつです。これはまだ単行本にも収録されてないおもしろい話が入ってると聞いて買ったんだけど、なんかタイミングのがして、イチブリンニブリンサンブリンくらいまで来てます。まだぎりぎり逆転読む可能性があるが、けっこうあぶないな。18日はちょっとポイントですね。

その少し前に買った国木田独歩の『武蔵野』はたぶん、だめだろうなあ。おれには救えない。読まない気がする。21日で救えなくなっとります。

その少し前に買った『魔の山（下）』はまだ上巻を絶賛読読中（どくどくちゅー）で、上巻を読んでる途中に気になって買った下巻なので、たぶん、カストルプ青年が元気だったら、読むとおもいます。

40日を越えた『北槎聞略』もたぶん、もう、だめでしょう。漂流してるし。

色川武大の小説や、筒井康隆の短編集も、どちらも1つ2つは読んだけど、なんかそのままになってしまった。中短編集を、読みさしにすると、魔がすぐに忍び寄ってきて、救いだしにくくなりますね。うーぬ。

西加奈子の『舞台』は2014年春ごろに買って、読もう読もうとおもって、読み出さず、手をつけないまま、奥にはしまわれず、1年を越えて「そのうち読むんだもんねー」エリアに置かれてます。まだ読む気はあります。かなり弱まっているが、少しだけ読んでもらいたい気配を出しているとおもう。うん。がんばってもらいたい。

献本された本というのが、たまにまいりますが、あれはだめですね。開封した当日に読み出さないと、献本は読まない。しかたない。おれが送ってる献本も同じようなことになるんでしょう。もらった瞬間に「送っていただきありがとうございます」と礼を言うのが正しいですね。

というわけで、「読みたいとおもって買った本なのに、積んだままで読まないままになってしまう期限は」、本の力が弱いと18日ということになりました。21日過ぎたら危険ゾーンに突入、30日越えたらほぼアウト、という結論をとりあえず出しておきます。暑いから。まあ、すごくよく本を買う人の例ですけど。夏は本も熱くて、マクラになりませぬ。そうめん。

小説をめちゃ速読してみる

速読というのがある。

あります。ソクっとドクするやつ。

本を読むのがあまり得意ではない人が、でも本を読まなきゃいけないという強迫観念から逃れられずつい憧れてしまう方法だとおもう。これは、本を読まなきゃならないという強迫観念さえのぞいてしまえばどうとでもなるんですが、なかなかそうもいかないみたい。

おれは、ざっくりできます。たいした技術ではないです。野球でいえば、ショートバウンドをうまく捕れる、くらいの技術ですね。練習は必要です。勘がいい人ならいきなりできます。

小説ではやらない。できないし、小説を速読したら、小説の意味がなくなる。だから速読するのは「資料にする新書など」ですね。わたしのほうに最初に「この本からどういう情報を得たいのか」という目的が明確にあって（「江戸時代の庶民はどれぐらい外食をしていたのか」

とか「長嶋茂雄は同時代の人にはどういう喋りをするように受け取られていたのか」とか、そういうとても具体的なテーマです）、それを探すために、ものすごいスピードで本を1冊「見る」ことができるだけです。読めない。読むことはできないし、味わうこともできない。それがおれの速読。速いよー。

読むってのは、その本としばらく一緒に時間を過ごすって覚悟を持つことだからね。読むには時間を使う覚悟を伴う。覚悟ないやつは読むな、て感じっすよね。なんかかっちょいいな。覚悟なきものは去れ。うん。それでいこうぜ。されされされーっと。

というわけで、小説をめちゃ速読してみます。提案とやってることが真反対だけど気にするな。

手元にある小説の、最初の一文と最後の一文だけを読んで、それで小説を味わうというそういう新しい世界をおもいつきました。おもいついたので、やってみます。

有名なのでいきましょう。雪国。

「好きよあなた　今でも今でも」

ちがいますね。それは吉幾三ですね。

「国境の長いトンネル」です。上野国と越後国の境のトンネルです。新幹線でいうと、上毛高原を出て越後湯沢に出るところ。余計な解説はいいですか。はい。

「国境の長いトンネルを抜けると雪国であった。踏みこたえて目を上げた途端、さあと音を立て天の河が島村のなかへ流れ落ちるようであった」

おお。なんかいいですね。

ちなみに吉幾三で行くと「好きよあなた　今でも今でも　追いかけて追いかけて追いかけて
…雪國」ですね。これもいい。

次は芥川賞をついに取ることがなかった芥川くんの羅生門、行ってみよう。

「ある日の暮方の事である。下人の行方は、誰も知らない」

はやっ。話終わってるやん、て感じっすね。芥川が芥川賞を取ることはできませんな。あたりまえだ。芥川つながりで、伊勢物語の第六段で行ってみると。

「むかし、をとこありけり。まだいと若うて、后のたゞにおはしける時とや」

あ。だめだ。第一文がみな同じパターンでは効きません。

いやしかし。

最初の一文と、最後の一文をそのまま載せると、それなりの世界ができてしまいそうである。

もっと意味がないほうがいいとおもうので、冒頭の一文の前半と、最後の一文の後半を一つにしてみましょう。そのほうが、鑑賞時間がもっとより短く済みますね。

「国境の長いトンネルを抜けると、さあと音を立てて天の河が島村のなかへ流れ落ちるようであった」（雪国）

「ある日の暮方の行方は、誰も知らない」（羅生門）

話が早い。

「話が早い」といういいまわしが、これほどぴったりくることも珍しいですね。

「吾輩はありがたい」

うーん。すごい。吾輩は猫である、です。

ただ吾輩は、長編のつもりではなく読み切り短編だったのだから、その短編部分でくっつけるとこうなる。

「吾輩は無名の猫で終るつもりだ」

おお。ほんとうにまとまってしまった。これでもう読まなくても大丈夫。そういう気にさせてしまう。大丈夫じゃないけどね。

坊っちゃん、行ってみましょうか。

「親譲りの無鉄砲で、小日向の養源寺にある」

そうかそうか。そうだよな。

藤村いってみましょうか。

「木曽路はまた他の音が続いた」

夜明け前です。

藤村たってタイガース永久欠番藤村富美男ではなくて、島崎の藤村ですよ。

太宰いってみますか。太宰でも治のほうですよ。府ではない。

「私は、その男の写真を、神様みたいないい子でした」（人間失格）

「メロスは、ひどく赤面した」（走れメロス）

これは「メロスは激怒した」＋「勇者は、ひどく赤面した」でこうなりました。

では、志賀くん、どうぞ。

「山の手線の電車に跳ね飛ばされて、脊椎カリエスになるだけは助かった」

城の崎にて、です。

「仙吉は、擱筆《かくひつ》することにした」

これは小僧の神様。

なんか志賀の文章はかっこいいね。志賀っても直哉ですよ。高原ではない。

村上春樹のデビュー作でいってみます。

「完璧な文章などといったものは、夜の闇の深さがわかるものか」風の歌を聴け。

最近話題の又吉さん。火花。

「大地を震わす和太鼓の律動に、美しい乳房を揺らし続けている」

おお。なんか、きちんとしてる。やはり売れる小説とは、そういうものなのかもしれない。

大江健三郎「万延元年のフットボール」

「夜明けまえの暗闇に眼ざめながら、草の家をたてることは容易だ」

うんうん。名作は整っておるぞ。

では中島敦くん。山月記。

「隴西《ろうさい》の李徴《りちょう》は博学才穎《さいえい》、天宝の末年、若くして名を虎榜《こぼう》に連ね、ついで江南尉《こうなんい》に補せられたが、又、元の叢に躍り入って、再びその姿を見なかった」

うーん。すごい、なんかこれだけで泣きそうになるぞ。いや、山月記を読んで泣いたことはないですけどね。

なんかおもしろいなー。またやります。

50年前のSFベスト10を途中まで読む

１９７７年というと、ずいぶん昔のことになる。

京都ではまだ市電が走ってました。市電に乗って、本を買いに行ってました。クンタ・キンテのルーツが人気でした。西郷隆盛が熊本の田原坂で激しい戦いを展開していました。王貞治が通算ホームラン７５６号を打って、そのホームラン時刻を予想する懸賞を当てました。９月３日の午後７時10分でした。王選手はフルカウント２ストライク３ボールから打ちました。ハガキでその時刻を当てたらペプシコーラがうちに７５６本届けられました。どでかいペプシコーラのトラックから、大量の缶コーラが運び込まれるのを見て、近所の人は「堀井さんちは喫茶店でも始めはるんやろか」と噂してました。

そんな年に出ていたＳＦ入門の冊子に海外ＳＦのベスト10が載っていて、それは何カ月か前に触れました。その後、これではないか、と教えられたのが別冊・奇想天外のＳＦ再入門大全集。たぶん、これだとおもう。きっと、たぶん、これ。定価９８０円。

１８７７年の９８０円と言えば、いまと違ってかなり高額で、家の一軒も建てられるくらいの価格でした。１８７７年はね。１９７７年でもまあ、高いですよ。いまだと２０００円って感じかなあ。とても金が出せないので、本屋で立ち読みして、必死で覚えたんだけど、でも、覚えきらない。ベスト10だけでも覚えようとして、１位の幼年期の終り、２位の火星年代記、3位のソラリスの陽のもとに、まで覚えるのに必死で、そのあと、記憶がまだらでした。

あらためてその本を見てみると、１位が幼年期の終り、２位・火星年代記、３位はソラリスの陽のもとにと夏への扉の2作、５位に虎よ、虎よ！。

ベスト5で、すでに同着が出てるということは、つまりもとの投票数が少ないってことです。SF業界の識者による投票というかアンケート回答集計によるもので、回答者は39人ですね。小松左京に星新一、筒井康隆、手塚治虫、藤子不二雄も入っている。39人回答だから、同着も多いっす。39人がベスト10を発表していて、それを集計して、順位を出している。39人のベストテンで、１５０作くらい並んでます。票がかぶってない作品が多いってことです。

とりあえず20位まで並べてみましょう。でもって、いまも買えるのか、いまはおいくらなのかも並べてみます。
●印がいまは手に入らないもので、ベスト20の25冊のうち、８点あります。
でも17作品はいまでも売ってるわけで、すでに１９７７年でも古典扱いされていた作品も多

●50年前のSFベスト20のいまの値段
（2015年9月調べ）

1位	幼年期の終り	907円
2位	火星年代記	1015円
3位	ソラリスの陽のもとに	1080円
3位	夏への扉	799円
5位	虎よ、虎よ!	972円
6位	宇宙の眼	994円
7位	人間の手がまだ触れない	●
7位	宇宙船ビーグル号	799円
7位	都市	●
10位	盗まれた街	720円
10位	火星人ゴーホーム	●
10位	トリフィドの日	1015円
10位	結晶世界	842円
14位	発狂した宇宙	●
14位	人間以上	●
14位	鋼鉄都市	907円
17位	地球の長い午後	907円
17位	アンドロメダ病原体	1080円
19位	宇宙戦争	756円
20位	重力の使命	●
20位	山椒魚戦争	1123円
20位	アンドロメダ星雲	●
20位	海底牧場	864円
20位	われら	●
20位	われはロボット	907円

く（それよりも10年以上前に発表された小説が多かった）それがいまでも売られてるのはたいしたものですな。50年を越えて売られ続けている小説はえらいです。たぶん。

私が今年になって読んだものにフレドリック・ブラウンの『火星人ゴーホーム』と『発狂した宇宙』がありますが、このブラウンの2作とも、いまは売られてない。どっちも古書で買いました。いまは、インターネットでさくっと古書が買えるので、それは便利ですね。むかし、古書店を端から順にまわってたときも楽しかったけど、でも、見つからないととても悔しいからねえ。神保町の古書店街の全古書店を「ゴルゴ13」を探して歩いたことがあって、これは東京に出て来てすぐ１９７８年のことで、当時の神保町には漫画の古本を売ってる店はほとんどなく、やたらいろんなところで西郷隆盛全集を売っているなあ、とおもいつつ、ついに見つけられず、そもそも神保町には漫画を売ってないと知ったときは、疲れ果てて小川町の交差点でへたりこんでしまいました。「晋どん、もう、ここらでよか」という声が聞こえました。

フレドリック・ブラウンの描く世界は、1950年代らしさがたっぷりで、たしかにいま出ていてもあまり買う人はいなさそうである。壮大な冗談話というか、ホラ話のSF版という感じがして、こういうのは70年代に受けていました。奇想天外とか、面白半分なんかが人気だった時代で、筒井康隆が日本全土を覆っていたころですね。サブカルチャーというのがかっこよさそうだったのは、おそらく60年代から70年初頭の〝意味のよくわからない学生運動〟がもたらした空気だったようにおもう。まだ、おたく、が生まれるちょっと前で、やがておたくになる人たちが、土の中で徐々に自己意識をふくらませていたころですね。どうでもいいけど。

ブラウン以外は、火星年代記とソラリスと虎よ、虎よ!を今年読みました。虎よ、虎よ!が、おもしろいんだけど、理解を超えている部分があって、いい年して本を読んで意味がわからないとちょっと悲しいです。また猿都市にでも読みます。サル年にも読みます。さるさるさるーっとな。ひつじ。

新潮文庫15年の作家の違いを眺める

欧州で大戦があった１９１４年に創刊された新潮文庫は、１０１年ほどの歴史があるお古いお文庫である。

海外のお古い小説が好きなわたしは、新潮文庫をよく買う。街中の書店で、読む本を探すとき（家にはまだ読んでない本が千冊くらいはあるんだけど、どれも持たずに外に出かけてしまううっかり状況がよくある）、新潮文庫の海外作品をアの著者から見ていく。岩波文庫だとまじめすぎる感じがして、新潮文庫の棚を探します。しかも海外作品。なんでかわからんが、夢見る読書少女のように、海外の古いお小説が好きなんである。

にしても、新潮文庫は、むかしに比べて、古典作品が減ったようにおもう。

聞いたところによると、ゲーテだろうが、トルストイだろうが、ディケンズだろうがカフカだろうが、みな、売れなくなると、どんどん切られていくらしい。カフカ、困っちゃう。

新潮文庫に、夏目漱石や三島由紀夫や山本周五郎がずらっと並んでいるのは、いまでも売れてるから、だそうである。

シェイクスピアも売れてます。徳川家康も読んでいたシェイクスピア。なんてね、家康は読んでないすよね。でも、この二人、だいたい同じころに死んでます。タイやニシンの当たり年1616年のことでした。イロイロ書いてセルバンテス死ぬ、と覚えましたもん。あら。シェイクスピアじゃなくてセルバンテスか。まあいいや。セルバンテスは、もう、新潮文庫では扱っておりません。

2000年の新潮文庫解説目録が見つかった。

うちの文庫が積んであるエリアはあまりに無雑作で無秩序で、ことし出した自分の文庫本の下に、浪人生のときに買ったデューン砂の惑星が置いてあったりして、宇宙の混沌のおおもとのようにおもえるんですが、デロリアンに乗って、15年前の解説目録がぽろっと出てまいりました。

2000年なんてつい最近の、とおもったが、そんな最近ではないですね。15年前だ。幕末でいえば癸丑《きちゅう》から戊辰《ぼしん》まで1セットになってる期間。幕末3セットいただけますか。いえ、売ってておりません。

2000年と2015年の解説目録で、新潮文庫15年の作家の違いを眺めてみた。

チェックしたのは、海外の作家だけです。そもそも海外の古い作家は切りやすいそうです。

プラトンやシェイクスピアの著作権は気にしなくていいからね（翻訳者は気にしないといけないみたいですが）。

ここ15年で、どの海外作家をさくさく切ってるのか、見てみた。

いやあ、いっぱい切っとるわ。

２０００年に新潮文庫に入っていた海外作家のうち、たぶん１００人は切ってるとおもう。百人斬り。面倒だからきちんとは数えてない。でもそれぐらいです。

たとえばアガサが切られている。

あのアガサ急行殺人事件のアガサです。オリエント急行か。まあ、そのクリスティです。ブルートレイン殺人事件、ＡＢＣ殺人事件、アクロイド殺人事件、メソポタミア殺人事件と、２０００年には次々と殺人を披露してくれていたアガサも２０１５年にはばっさり切られてます。在庫０冊。うーん。いまはハヤカワ文庫がクリスティー文庫なんかを出しているから、新潮ではアガサは売れなくなったのかな。２０００年には10冊あったんだけどね。まあ殺人事件が0になったとおもえばいいですね。

かつてはミステリーや、サスペンス、警察小説なんかがいっぱい出ていて（いまも出てますが）それらがみな、そろってざっくり切られてます。

消えた有名どころといえばパスカル。

そしてキェルケゴオル。

パスカルの『パンセ』はまだ20世紀には新潮文庫で読めたのだが、2015年には読めません。切られました。「人間はカンガルーの足である」という言葉がどういう意味だったのか、もう、わかりません。もともとわからないけど。誰の言葉だ。

キェルケゴオルもなくなって、とても残念です。でも、なんで残念なのかよくわからない。読んだことがない。『愛について』だそうだ。知らぬ。存ぜぬ。考えてみるに、キェルケゴオル、という名前が珍しく、その名前が文庫の一覧から消えるのをただ惜しがってるだけではないか、という気がしてきた。キェルケのゴオルです。「さあ、カガワの左からのセンタリングに合わせて、飛び出てきたキェルケ、キェルケ、頭でとらえた、とらえた、キェルケ、キェルケ！ゴオオオオオオオオオルッ！」てところでしょうか。何の話でしょう。だからキェルケのゴオルだよ。デンマークの人らしい。

あ、ロマン・ロランの『ジャン・クリストフ』もなくなってる。「ロマーン！」「ローラン！」。いや、それはないな。

地味なところで消え去ったのは、シュトルム『みずうみ』、ケッセル『昼顔』、コレット『青い麦』など。シュトルムとコレットの文庫は、すごく細く安かったので、何かのおりに買って、そのまま混沌エリアに放り込まれている。どうしても本1冊だけ買いたいなんていう衝動はむかしから強く、そんなこと40年やってるから、このありさまです。蟻様仏様。

ブラッドベリも『二人がここにいる不思議』という文庫ごと消えてます。文庫がここにない不思議。売れなかったからですね。

一部の作品を地味に削られている作家たちはたくさんいます。そのなかで印象的な作家を羅列すると。

テネシー・ウイリアムズ『やけたトタン屋根の猫』、エラリー・クイーン『Zの悲劇』（XとYは残ってる）、ゲーテの『ヘルマンとドロテーア』、ジッド『背徳者』、ジョイス『若い芸術家の肖像』、スタインベック『赤い小馬』、ツルゲーネフ『片恋・ファウスト』、トルストイ『幼年時代』『少年時代』『青年時代』、バルザック『従妹ベット』、ロンドン『野性の呼び声』。

売れないとどんどん削られます。ゲーテやトルストイも容赦なく削ります。カガワやキェルケは、削られてもがんばって欲しいですね。ゴオオオオオオオオル！

必殺ホリイの文庫棚歩数測り！

伊能忠敬は歩いて地図をこさえた。

あっち歩いて、こっち歩いて、歩数をかぞえて測ったらしい。ざっくり歩数で測ったあとに、機械で正確に計測して、記録していったのだ。

さっき伊能くんに携帯で確認したら、「一歩だいたい69センチくらいだった」と言うもんだから「おいおい、おまえさんのころにはセンチはないだろ」と言うと「あ、そうか、じゃあ二尺三寸くらいだった、にしといて」と答えてました。なんか、気楽なやつです。とりあえず伊能くんの歩幅はだいたい二尺三寸くらいらしい。おれは、二尺二寸くらいです。

そのむかし、江戸から京まで歩いたときに、歩数を数えたら74万飛ばずに9611歩でした。いや、おれがね。伊能は何歩だったかは知りません。かれはたぶん海岸線を歩いてただろうから、もっとかかってるでしょう。あたしの歩数は、平成12年ころに東海道を歩いた歩数です。

山あり谷あり、75万歩近くかかりました。一歩だいたい二尺二寸。未来的に言うなら65センチ。

伊能くんは、歩幅を変えずに歩くことで、歩数で距離を測っていた。そういうことができるのかって、慣れればできます。おれも、まあ、やってました。

さほど急がず、かといってゆっくりではなく、一定速度で意識して歩くと、だいたい同じ歩幅で進めます。「頭を動かさないでふつうに歩く」という感じで歩くといいとおもいます。歩幅を変えちゃやだめだと意識しすぎると、動きがぎこちなくなって、しかも歩くのが遅くなってかえって不正確になります。ふつうの速度で歩いたほうが、正確に測れます。

あなたもやってみましょう。

なんか、人生ではときどき「歩幅で距離を測ってみなきゃいけない」というシーンに遭遇することがあるからね。うちからファミマとセブンとどっちが近いのだ、というような重大な問題に遭遇しますよ。セブンまで歩いて測って、いったんうちの前に戻ってこんどはファミマまで歩いて測ると、だいたい前のセブンの数字を忘れているので、もういちど歩く羽目になります。数字はメモしないと混乱します。はい。がんばってください。

東京の日本橋から京都の三条大橋まで、自分のカラダを使って歩いたので、そのあたりから「歩数で距離を把握する」ことができるようになりました。つまり同じ歩幅で歩けるようになってそれが二尺二寸だって把握してるってだけですが、でも考えようによってはおいらのカラダには、距離が測れる装置が内蔵されてることになる。サイボーグぽいですね。００３です。

女子か。どこでも何でも測れるので便利です。

書店でその力を発揮してみました。

近所の本屋（高田馬場の大きな書店）の文庫本売り場で、各文庫が置いてある幅の違いを測りました。必殺ホリイの文庫棚歩数測りです。何を必ず殺すのかわからないが必殺です。カナラズコロス。カタカナは怖いんでやめましょうか。

出版社ごとに文庫が分けて置いてあるので、それぞれの幅を歩数で測りました。いきます。

もっとも幅をきかせていたのは、新潮文庫です。こっちから歩いていって、「ほ」から「ま」のあたりで向かいの棚に移って、こっちに戻ってきて、ホリイ歩数で17歩。

ほお。たいしたもんだ。

新潮文庫は17歩。

講談社文庫も端まで歩いていって、向かいの棚に移ってちょっと戻って12歩。

講談社文庫は12歩。

ただ、講談社の学術文庫や文芸文庫はべつのところに置いてあって、そっちで2歩ぶんの幅がありました。それを足すなら14歩。引くなら10歩。引くって意味わからない。引かないで。

講談社文庫が2位（高田馬場ホリイ勝手調べ）。

ついで文春文庫ですね。こっちは片側だけで9歩。これが3位。

●必殺ホリイの文庫棚歩数測り
（高田馬場ホリイ勝手調べ）

文庫	歩数
新潮文庫	17歩
講談社文庫	12歩（14歩）
文春文庫、角川文庫	9歩
岩波文庫	8歩
ちくま文庫	7歩
集英社文庫、光文社文庫、ハヤカワ文庫、中公文庫	5歩
幻冬舎文庫	4歩
創元推理文庫	3歩半
ハルキ文庫、河出文庫、朝日文庫	2歩

角川文庫も9歩でした。同じく3位。

岩波文庫は8歩だった。

このあたりで、歩いてないで棚の仕切り幅はたぶん同じだろうから、棚の仕切りの数を数えても同じことがわかるんだろうな、と気が付くけど、知らないふりをして歩きつづける。

岩波が5番で、6番手はちくまですね。

ちくま文庫は7歩。

短くなってくると、自分が測り間違えてるんじゃないか、という気がしてくるんだけど、まあ、いいだろうということで検証せずに、そのまま歩きつづけました。

この、ちくま文庫までが、「けっこう置いてあるなあ」とおもえる広さですね。つまり人間は自分の足で6歩歩いても同じものが置いてあると「おお、広いなあ」とおもってしまう、ということです。発見です。6歩は広い。です。まあ、6歩が広いと感じるのは、すべての人間なのか、ただホリイだけなのかは、まだあきらかにされてませんけど。まあ、気にするな。

そのあと、集英社文庫が5歩だったな。光文社文庫も5歩、ハヤカワ文庫も5歩、中公文庫も5歩。中公って、ハチ公みたいな略しかただよなあ、と歩いてるときはつい変なことをおもってしまう。いやいや、偉い人にはみんな公がついていたんだぞ、織田信長公、豊臣秀吉公、ハチ公、中公、なんて無意味に話が広がってしまう。

5歩の文庫が多いな。いまは五歩文庫の時代なのかもしれない。なわけないか。5歩だと江戸から京への距離の15万4千分の1くらいである。うぬ。

創元推理文庫は3歩半だった。半ってのは、最後、たたらを踏む感じになって、半です。半公です。

幻冬舎文庫が4歩。あとはハルキ文庫とか、河出文庫とか朝日文庫とか2歩です。同じ2歩でももう少しマイナーなところは棚の半分しか入ってなくてその幅2歩なので1歩あたりになりますな。まあ、歩いて測れば何でもわかる元気があれば元気にいきられるってことで、はい。

『吾輩は猫である』を注だけで読む！

明治38年というのは、けっこう昔のことだとおもうのだけど、そのころに『吾輩は猫である』が書かれたそうで、明治38年12月の東京朝日新聞には「例年の通り十五日よりクリスマス飾りを致し升」と銀座の明治屋が新聞に広告を出していましたな。明治30年代の新聞は平和です、と言いたいが、日露戦争の報道をしきりにしてるから、平和とは言えないです。クリスマスの進物に絵はがきや洋酒をお薦めしている、そういう広告が載っている。国全体でなんか調子に乗り始めてるみたいで、そういう調子づいてる空気の中で漱石は小説を書き始めたんでしょう。調子づいてるのは、もちろんロシアに戦争で勝ったからです（この小説連載中に勝ちました）。

『吾輩は猫である』は100年以上むかしのもので、いま買うと、何だかたくさんの注がついている。

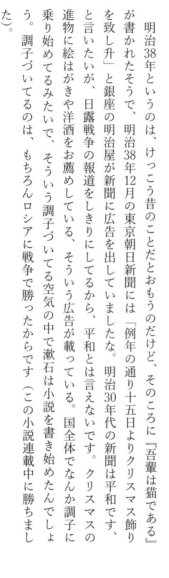

考えてみれば、落語というものも明治30年代というと全盛を極めていた芸能で、人間国宝だった五代小さんの師匠四代小さんは先の戦争が終わってすぐになくなっていて、その師匠が昭和に入ってなくなった三代目で、この三代目を漱石はよく聞いていたらしいから、たとえば「らくだ」だの「青菜」だの「天災」「かぼちゃ屋」なんてのを聞いてたんでしょうなあ。

でも、落語には注はつきません。あたりまえです。誰も横で説明してくれない（たまにそういう客がいるが五月蠅くってしょうがないので止めましょう）。わからない言葉はわからないまま受け取るしかなくて、中学生のころから聞いていた私は、何年もわからないまま、ずいぶんあとになって意味がわかったりして、これはめちゃ嬉しくて驚きました。素読と同じです。落語なんて意味がわかってなくても、リズムとメロディが心地良ければいいんです。たぶん、小説だって似たようなところがあるはずなのに、あっちのほうではそうもさせてくれないらしく、きっちり注がつけられてます。あっちって、どっちかわからないけど、でもまあこっちじゃないほうです。

文庫の『吾輩は猫である』を見てると注の分量がすごい。注だけつないでもなんか意味がわかりそうなくらいなんで、ちょっと並べてみます。手元には岩波と新潮のお文庫があるので、てきとうに私の言葉でつないでみます。

岩波文庫はタイトルから注がついているので、まず、それで行ってみましょう。岩波文庫の注だけによる紹介です。

「『**吾輩は猫である**』は一回読み切りのつもりで『ホトトギス』誌に掲載されたのであり、冒頭の「**吾輩は猫である**」という一文は無名の猫が演説口調の「吾輩」と自称するところにおかしみがある、わけで、おかしみがどこにあるかまで注釈つけるのが現代というものなので、説明したんだから、笑えよ。吾輩は猫であるぞ、笑えよ、坊っちゃんじゃないぞよ。笑えよ」

「**この家の主人**は後の苦沙弥先生である、彼は胃弱で、とあるので、そこは胃病は漱石の持病であった、と説明しておく。笑えよ」

　ここまでは岩波文庫の注釈篇。本文に入ると新潮文庫のほうが細かいので、ちょっと戻って新潮の注で行ってみます。

「**書生**とは学生のことである。笑わなくてよいぞ。**一樹の蔭**は同じ木の陰に宿るのも前世の因縁という意味で謡曲などに広く用いられる語句である。

おさんを炊事などをする下女などとあっさり説明しつつ、**三馬**はふつうは秋刀魚と書くが、これに類した宛字《あてじ》をしばしば漱石は書いてる、という説明を加えたところで、**この家の主人**という語句にまで注をつけたのは、この主人は漱石と共通する点の多い人物だが、中学の教師であるなど、相違点もある、という細かいポイントを教えたかったからじゃぞ。笑えるなら笑えよ。

タカジヤスターゼは消化剤の商品名であって、いまでも売ってますよ、売ってるよ第一三共、それでも説明するさ。悪いか。**同衾**が同じ布団に寝ることだってことまで説明したからには、へっついは竈《かまど》のことだよと言って、いまじゃあもうかまどそのものがわからないんではないかと心配になるが、へっついがわからないと、へっつい幽霊やへっつい盗人という落語なんか聞いてもまったくわからないんだろうなとおもうが、べつにわからなくったってへっつい幽霊が倒れそうになるところは何度聞いてもおもしろい。笑えよ。

代言は弁護士の旧称であるとするなら、『**ほとゝぎす**』は当時の俳句雑誌で現在も刊行中、と、こう来るわけで。

新体詩は、わが国近代詩の母胎となった詩型であり、**明星**は与謝野寛の主宰する当時の詩歌雑誌であって、**後架**は明治日本を代表する便所を指す言葉にほかならない。明治日本は代表していません。禅寺での言葉だ。後架も通じないのかと悩むまもなく、「**これは平の宗盛にて候**」は、謡曲「熊野《ゆや》」の冒頭でワキの宗盛が名乗る最初の句であるからして、**アンドレア・デル・サルト**などというものは、イタリアフィレンツェ派の画家だということができる。**枯木に寒鴉あり**は枯木に鴉を配する冬景色の構図で日本画の伝統的な画題だというのを聞くと、ふと落語「ひと目上がり」をおもいだしているのだがそんな間もなく、**浩然の気**はおおらかでのびのびした心持だってことを知ったうえで、**車屋**は人力車をひく者だってところまで説明していただける。車屋までがわからないといろいろと厳しいですねえ。

交番へ持って行きあがる、というところを、当時東京市では、伝染病予防のためネズミの駆除を奨励し、捕獲したネズミを市で買い上げていた、ときちんと説明してくれて、これも落語の「藪入り」を聞いていればお馴染みの習慣であって、それだけでほろっとしそうになったところで、水くぐる、となるだろう」

てなところです。これでもまだ一話ぶんが終わってない。あと五項目残っているがもう紙数が尽きて、死んでこの太平を得る、南無阿弥陀仏、有難い有難いってことで、よろしく。とわ。

文庫の解説はいつ読むのか

「文庫本の解説は、最初に読みますね」

知り合いの探偵くんはそう言った。

おれの知り合いのなかに探偵くんがいるのだ。まあ、人生を何年かやってると、そういうこともある。

探偵くんは、文学好きで、高校時代は太宰治とヴァレリーの文庫本をいつも持ち歩いていたという。

「小説にとってストーリーって別に大事なことじゃないですからね」

たしかにね。そう言い切れるのは、すがすがしい。20代前半の若い探偵くんなのに、小説をたくさん読んでる感じだ。小説は好きだが尾行は得意ではないと言っていた。よく見失ってしまうらしい。大変だ。

では。文庫本の解説はいつ読むのか。

それはいつでもいいです。

食前でも食後でも、婚前でも婚後でもかまいません。食事中とか、婚中とかは行儀悪いからやめたほうがいいとおもうけど。婚中ってだから結婚式の最中のことですね。はい。

むかしは、もうちょっと文庫がブンコブンコ言わせていた時代だったので、解説もカイセツカイセツしていて、なんか立派な髭を生やかした人が立派に解説してくれてるって感じがしてました。書店でどんな内容か知るために、解説だけ読んだりしたんだけど、あの時代はカバーうしろにあらすじが書いてなかったからだな。たぶん。岩波や新潮や角川は、カバーもなかったもんなあ。ずいぶん昔ですけど。

最近は、内容を確認するために解説を先に読むってこともなくなったよなあ。やっぱ、カイセツ髭を生やかした偉い評論家先生が少なくなったからだろうねえ。どんなんだろうねえ、カイセツ髭。

先だって、文庫の解説を頼まれて（おれがね）書こうとしたときに、ちょっと考えてしまいました。文庫の解説を書くのは初めてではないんだけど、「どのタイミングで読む人に向けて書くのがいいのだろう」と考えて、ちょっとわかりにくくなった。

人はいつ解説を読んでいるのか。

本の雑誌で働いていると、本をたくさん読んでそうなので、タントウさんに聞いてみた。今回はタンテイさんに聞いたりタントウさんに聞いたりして話が進んでいくんである。

「ネタバレがいやなので、本文を読み終わった後に読むようにしています」とタントウさんは言うのであった。探偵さんと真反対である。

「でも、短編集の場合はひとつ読み終わったら、その短編のところをちょこっと読むということはよくあります。全部読み終わったころには忘れているので」

とのことである。ふむふむ。「電子書籍には収録されないことが多いので哀しいです」ともタントウさんは言うのであった。電子書籍には解説は収録されないのか。そうか。電子書籍をほとんど読まないのでよくわかりません。おれの電子書籍の印税は年に一回だけ、数冊ぶんまとめて払ってくれます。数冊の一年ぶんでこんなものかー、と驚くような少なさです。毎月払ってたらたぶん手数料のほうが掛かってしまいそうな世界です。電子書籍、まったく広まってませんな。エレクトリカルワンダーランドはどこに行ったのだ。本能寺です。そうなのか。

まわりの大学生たちにも聞いてみたが、だいたい解説は最後に読むらしい。

10人の大学生に聞いて8人が「ネタバレがいやなので、最後に読みます」と答えてきた。なかには「え。どうして先に読んだりするんですか。そういう人が世の中にいるんでしょうか」と言ってきた子もいた。みんな、すごくネタバレをいやがってますね。どんどん「ネタバレ」に敏感になっているような感じがします。まあ、個人個人が大事にされる世の中だからなんでしょうねえ。

●乃南アサの短編集
文庫解説ネタばらし調べ

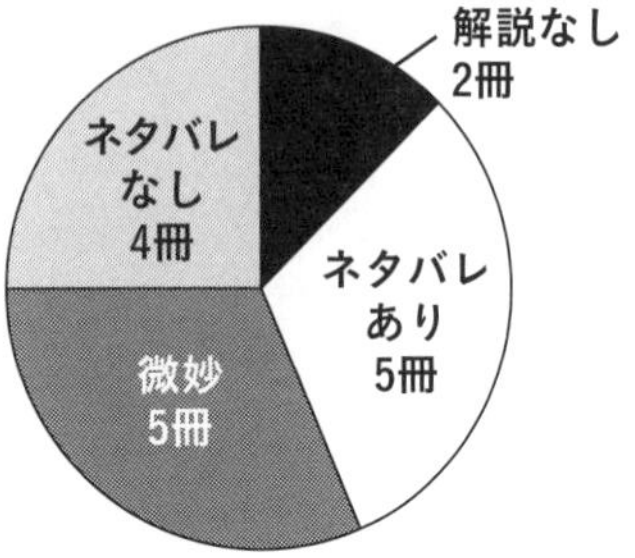

おれは、だいたい、文庫を読んでる途中にちょろちょろ見るんですけど、そういう人はいなかった。これはたぶん、おちつきのない性格によるものでしょう。

学生10人中2人は、ときによっては解説から読むことがある、という文学部の学生で、この2人はけっこう本を読んでる感じでした。そういう子はときによって解説を最初に読んだり、途中で読んだりすることがあるみたいです。なんか本に対する覚悟ができてるって感じ。

みんながそんなにネタバレをいやがるってことは解説はそんなにネタをアレしちゃってるのかとおもって読んでみましたが、いやはや、けっこうアレしちゃってますね。

先だって私が書いたのは乃南アサの短編集の解説なんだけど、いままで出てる乃南アサの短編集（シリーズものをのぞく）16冊を買ってみな読んでみたけど、たしかに、ミステリー系統の短編の解説だというのに、みんな、ぺらぺら、書いてますね。すごいなあ。唯一、酒井順子さんだけが「本文未読の方は、解説から先にお読みにならないことをおすすめいたします」と明記して、良心的でした。その酒井順子のネタバレはさほどのレベルではなかったです。もっとしっかりばらしてるのに断ってないのが大半ですね。たぶん「最後の結末だけ書かなきゃいいんだろう」とおもってそれ以外のすべて書いてたりして、きゃー、やめてー。最後の結末だけ避ければいいなんて誰もダレノガレも言ってません。ダレノガレ関係ありません。

16冊のうち解説のないのが2つあって、残りのうち絶対に先に読んじゃだめだろうという解説が5つ、微妙だけど読まないほうがいいだろうなというのが5つ、読んでもさほど影響がないだろうってのが4つでしたね。まあ、この状況だったら、先に読まないほうがいいのは確かです。解説でネタばらしになるのは、たぶん、解説を書く人が「その本1冊しか読んでない」からで、その本の内容に触れるしかないからですね。なんというか、淡々とあらすじをまとめただけの文章が解説として載ってることがとても多くて、それはタリラリラーンな気分にはなりますが、なかなか解説してもらってる気分にはなれません、そこのところはどうおもわれますか、解説の野村さん、「不思議の子やのー、マー君」。ありがとうございます。現場からは以上です。

サガンさんは今どうしているのか

サガンさんはまだ生きてるのですか。

とふとおもったが、サガンさんはもうサガンさんではなくて、彼岸さんでした。2004年になくなってたんですね。フランソワーズ・ヒガン。これこれ。

サガンってむかしすごくたくさん売ってたけど、いまはどれくらい残ってるのかと眺めてみて、いちおうまだ2冊売ってるのを確認したところで、サガンはどうしてるんだろうとふとおもいだしたわけですね。サリンジャーのほうが長生きしてましたね。

フランソワーズ・サガン。

18歳でデビューした、というポイントで人気高かった気がする。なんかあのころみんな18歳で小説家デビューしたがってたんでしょう。18歳でデビューして、そんでもってその小説がとても売れて人気作家になる、ということに、みんな真剣に憧れていた気がする。いまでもみん

な憧れてるかもしれないが、むかしは真剣に憧れてました。18歳のデビューを、たぶん20歳すぎても23歳になってても狙ってました。ばかだったんじゃないかとおもうが、でも真剣でした。いやただのばかか。どっちでもいいです。

しかもサガンは「ゲッツ」だけの一発屋ではなくて、その後も売れる小説を書き続けた。ゲッツじゃないです。ラッスンゴレライでもないです。『悲しみよ こんにちは』だね。18歳デビューしてその後もずーっと売れる小説を書けるところがすごいですね。

日本の本屋でもサガンはいっぱい売っていた。新潮文庫からどどーんと出てました。

いま手に入る新潮文庫『悲しみよ こんにちは』の解説を小池真理子が書いている。

1960年代の大学では、サガン読んでいると知られたら「プチブルであるにもかかわらず、ブルジョアジーの懶惰な生活に憧れているのか」と批判されそうな空気だったと書いてます。でも、活動家たちも人に知られないようにサガンを読んでいたものだと指摘していて、小池真理子の解説はさすがですね。

新潮文庫のサガンは1979年には16冊あった。悲しみよこんにちはから、楽しみよさようならまで、16冊。うそかいてはいけませんね。楽しみよさようならって、そんな文庫はありません。「ある微笑」「一年ののち」「ブラームスはお好き」「けっこうモーツァルトも好きだよ」「バッハは聞かないけどさ」「すばらしい雲」「雲隠れ仁左衛門」「熱い恋」「けっこう分厚い鯉」「優しい関係」「冷たい水の中の小さな太陽」「冷たい太陽の中の小さな水」「スウェーデンの城」

「城盗り物語」「幸福を奇数に賭けて」うーん。うそと本物を混ぜて書いてるのがつらくなってきました。

冷たい水の中の小さな太陽、と打ち込もうとすると《修飾語が連続しています》とパソコンから注意されました。サガンさんに言ってください。そういえば先だっても小林秀雄の文章を打ち込んでると、パソコンから注意されたなあ。パソコンは何だって注意してくるのがえらいわ。

1979年には16冊あったサガンの文庫は1982年に12冊に減る。『スウェーデンの城』『幸福を奇数に賭けて』『時おりヴァイオリンが……』『草の中のピアノ』が消されました。消されて、その後、復活していません。

1985年には『失われた横顔』も消されてしまい11冊。

でもその後復活します。

1987年に『愛は遠い明日』、1988年に『赤いワインに涙が…』が新たに刊行され、そのあと徐々に増えて、1994年には新潮文庫18冊になった。

1994年がサガンの文庫本ピークの年です。覚えておいてください。すぐ忘れてください。そのあと『愛は束縛』『私自身のための優しい回想』なども出るが冊数は減っていって、1997年には16冊、1998年に15冊、1999年が14冊、2000年にばっさり9冊、2001年6冊、死んじゃった2004年に5冊で、増えません。

●新潮文庫のサガンの冊数調べ（1979〜2006年）

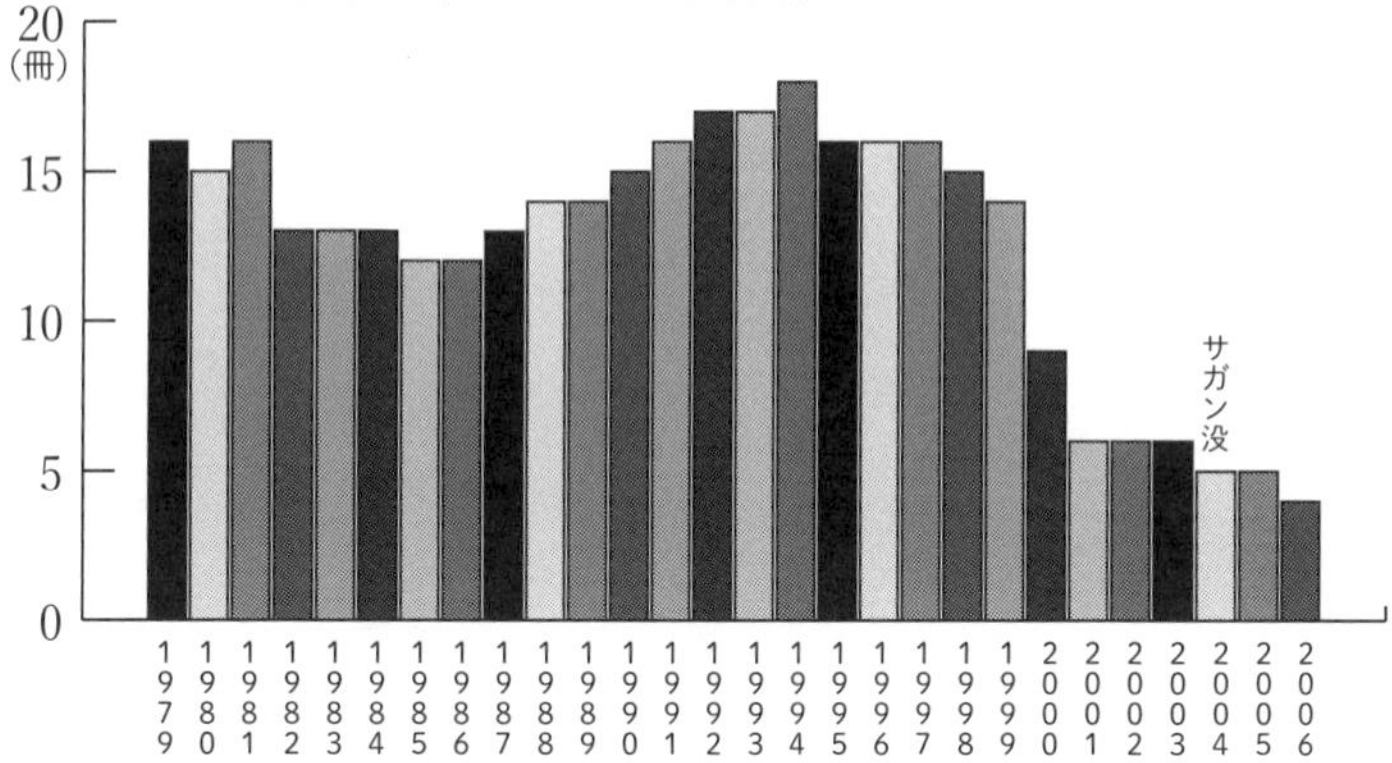

死んじゃったのに増えないのは哀しいですね。

まあ、世代の問題なんでしょう。

読者層が90年代半ばを最後に、なんかついていかなくなったんですね。１９９４年にサガンは59歳だからねえ。読者は同年代から20歳くらい下まででしょうか。そのへんの人たちが、サガンを必要としなくなったんでしょうか。しかたないですね。すげえ人気だった作家が読まれなくなっていく経緯がとみに気になってきました。

しかし、サガンのタイトルは魅力的です。いまでも組み合わせて、新しい本にできそうな感じがします。

「時おりヴァイオリンが……ブラームスはお好き」「草の中のピアノ、ブラームスはお好き」うん。だめです。そんな本は読みたくない。

「幸福を奇数に賭けて、悲しみよこんにちは」、どうでしょう。「一年ののち、悲しみよこんにちは」。うん。どうも「悲しみよこんにちは」を付けるとなんかおさまりそうですね。春過ぎて夏来にけらししろたえの悲しみよこんにちは。勘違いでした。

「冷たい水の中の小さな太陽と愛という名の孤独のボルジア家の黄金の血」

「赤いワインに涙が、水彩画のような血」ちょっとミステリーぽい。

「スウェーデンの城、すばらしい雲、水彩画のような血」。これは「す」で始まるのを並べただけですけどね。

「ある微笑、一年ののち、ウは宇宙のウ、エはエチューのエ、オはボルジア家の黄金の血」、あいうえお作文を失敗して意味がわかんなくなりました。

「愛の中のひとり時おりヴァイオリンが夏に抱かれて幸福を奇数に賭けてブラームスはお好きのような血のような孤独の中の小さな太陽のための優しい回顧よこんにちは」

まあ、これで、サガンのだいたいがわかるんじゃないでしょうか。まったくわかりませんか。そうですね。しかたないです。

人は1年に何冊本を読むのか

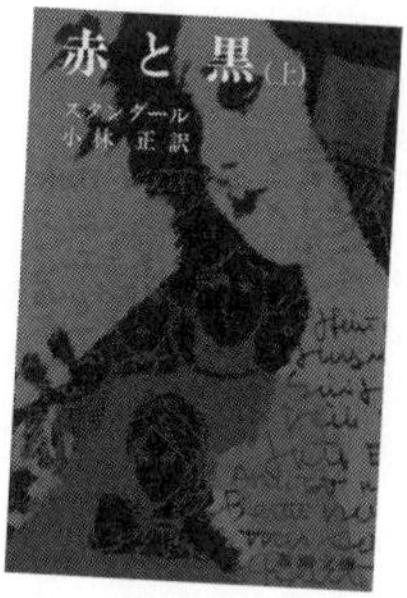

1年で1冊も本を読まない日本人がたくさんいる、という話を、このあいだ聞いた。テレビでやってました。

まあそうでしょうね。

すいている地下鉄東西線に座っていると、一車両の中で文庫本を読んでいるのはおれだけで、のこりはスマホをいじっている人とスイカをいじっている人しかいない、なんてことがありますからね。千葉まで直通の東西線では西瓜も人気です。

東京に暮らしていて、電車の中で本を読まなければ、本は読めないでしょう。

「ぼくは本が読めないのです」と朗らかに話してくれる大学生もいる。早稲田大学社会科学部4年。イヌカイくん。

本を読みたいんだけど、「本を読めない病気」になっているんで、どうすればいいんでしょう、と明るく言っていた。詳しく聞くと、どうも「おもしろくない部分が続くと読み続けることができない」ということらしい。うんうん。病気だね。病気だ。受け身でぼんやりしている私を楽しませてくれないものはつまんないぞ病だね。なかなか完治はむずかしそうです。

ただ、よく理解できない文章があると、前に進めなくなる、というのは、わかる。若いころのおれもそうでした。

自分が想像できない自然描写が3行以上続くと読み進めなくなった。知らない植物の名前が連続して出てきたら、ついていけません。

理解できないところは飛ばして読めばいいんだ、ということができなかった。そういうのは教えてもらえないから。

国語のせいでもある。

現代文の問題を解くときに、わからないところは飛ばして読めばいい、ということにはならない。一言一句、きちんと意味を取らないと解けないから、ぜったいに飛ばさないで読むくせがついていて、それがふつうの読書にも影響を及ぼしていました。

受験勉強時代から、大学に入ってしばらくくらいまで、どんな本でも一言一句飛ばさずに読んでいたので、おそろしく読むのが遅かったです。

これはこれで、完全なビョーキです。

このビョーキが治ったのは、文章を書くようになったからですね。仕事で文章を書くようになって、徐々に治りました。

90年代に7冊ほど本を出して、00年代に入って連続して本を出すようになると、人の本も気楽にどんどん読み飛ばせるようになりました。

それは自分の本はそこまで制御して書いてないから、ですね。

一冊の本の最初の一文から最後の一文までを自分で制御して書くことはできない。書きだしてしばらくは、制御できなくもないけど、途中からは文章の力によって流されながら書きます。

雑誌の文章でもそうで、書き始めたときに決まってるのは最初の一文だけで、そのあとは、押してくる文章の力と、押し返す自分の意志との案配で仕上げていくしかない。文章にもし技術というものがあるとしたら、その押し引きをいいところで落ち着かせる、という目配りにあるのでしょう。

10冊以上の本を書いたころから、たぶん、他の著者もそうなんじゃないかとおもいだした。つまり、本一冊のすべての文章のすべての語句を責任をもって書いてる人なんて、そんなにいないだろうってことです。

そもそもこれは責任の問題ではなくて、そんなことすると本が面白くなくなるからだけど、でもまあ、そういうことはないぞ吾輩は自分の文章の一言一句、責任を持って書いておるわ、という作家がおられるのかもしれないですが、そうですか、がんばってくださいませ。

制御できないまま、なんでこう書くのかわからないままに書いてるプロも多いような気がします。こんなこと書いたのかあ、覚えてないわ、というラッスンゴレライなタイプですね。ディケンズやユゴーはそうだったんじゃないかな、といきなり古い流行作家の名前を出してみましたが、そりゃまあ、長編小説の細部を記憶してない作家はすごくいますもんね。「この殺人事件の犯人は誰だったのですか」と映画化に際して質問され、私は知らない、と答えた作家さえいるくらいだ。そういう作家に私はなりたい。

そういえば、高校2年のときから、しばらく、1年間に何冊の本を読んだかを記録していたことがある。

えーと、1974年ですね。すげえ昔のような気がするが、つい最近のような気もします。1974年の1年で読んだ本は13冊だった。高校生はそれぐらいですよね。スタンダールの赤と黒に半年くらいかかった。読み終わったら黒と黒になっていた。こわかった。

1975年も同じくらい、浪人していたあいだに少し増えて、大学の2年くらいに100冊を越えて読んで、そこで記録するのをやめました。

最後まで読んだ本だけを記録するというルールを決めていたので、つまらない本も最後まで意地で読み通さなければいけなくて、それはそれで何かの訓練になったとはおもいますが、でも、なんか違ってるとおもって、やめました。

本を読みたいんじゃなくて「読んだ本の記録数を伸ばしたくて読む」という気持ちが出てき

たからですね。

どうも、自分にはそういう方向に歪んだ部分があるよな、と気づいたのですな。数字を数えだすと、数字のほうが大事になって、本体はどうでもよくなってしまう。つまり読んだ冊数が大事で、読んだ本はどうでもよくなってしまう。そういう不思議な人なので、これはやめてよかったです。

それ以降、どの本を読んだかという記録は一切とっていない。だから本を書く人になったんではないか、とおもわなくもない。

そして、先だって読んだ西尾維新の物語シリーズ4冊で、17歳から読みきった本の数は9765冊になりましたとさ。

はい。

うそです。

文庫を左手だけで読んでみる

夏目漱石が死んだのは大正5年の12月のことで、新聞にも大きく載りました。『明暗』を新聞連載中で、さすがに新聞の連載というのはストックがあるようで、死んだ日に連載が終わることなく、漱石が死んでも、死してなおペンを離さず、というような雰囲気で連載は続いていて、魂魄《こんぱく》そこにとどまり、一週間ほど連載を継続して、終わりました。まあ、たいしたもんです。『明暗』は夏目漱石のなかでは分厚い文庫本です。

文庫本は分厚くても、だいたい片手で持てる。片手に持って読めるので便利です。片手を離せないので、片手だけで文庫を持ってページを繰って読まなければいけないときが人生にはあります。

電車の中で隣の男がいきなり吊り革を引きちぎったのでその男を左腕一本でつらまえつつもまだ文庫を読み続けてるときとか、聖書に左手を置いて大統領になる宣誓をしているときに盗

み読むための右手の文庫とか、念願のラーメン店を開店して麺の湯切りをするときに読んでなきゃいけない文庫があるとか、彼女の左手薬指に指輪を嵌めてあげているときにも文庫を読み続けてるときとか、いろいろあります。

片手で文庫本を読んでいるとき、大事なのは、ページがうまく繰っていけること、です。片手でページが1ページづつきちんと繰れていけないと、お話がわからなくなります。そこが片手で文庫をよむ協会でもいつも懸念されているポイントです。

分厚い文庫を片手だけで全ページ繰っていけるものなのか。

やってみましょう。

まず新潮文庫のやや古く黄ばんだ『明暗』を左手だけで持って、左手だけで1ページづつ繰ってみた。右手は使わず、5ページから7、9、11、13と飛ばさずページを片手でめくれるか、がんばりました。かなりがんばって、なんと511ページまで堪えて、でもそこで514ページに飛んでしまった。

「朝から晩まで恐ろしい夢でも見ているような気分になっ彼は其所で留まった」

となってしまいました。

511ページが「夢でも見ているような気分になっ」で終わって514ページが「彼は其所で」となっていたのです。

なっ彼は其所で。

ナッカレハソコデ。

『二百十日・野分』（新潮文庫）でやってみた。これはあっさり13ページまでいったところで、18ページに飛んでしまった。

「かんかん竹の奥で冴えて鳴る。それから門前の豆腐屋がこの鉦を合図に、腰障子をはめる」「やり給えじゃいけない。君もやらなくっちゃあ」

となった。

どっちも会話のページでした。

文庫のページを飛ばして読んでしまう問題は、まったく意味が通じてないのに、なんかわかったような気分になって納得して読み続けられるところにある。

あとで飛ばしてることに気が付いたとき、それでも読み進めていた自分に対して、ちょっと情けなくなります。そこが問題です。知ったかぶりもそこまでいくとたいしたものですね。

「腰障子をはめる」の続きは「門前の豆腐屋と云うが、それが君のうちじゃないか」であり、「公平に出来れば結構だ。大いにやり給え」ときて「やり給えじゃいけない。君もやらなくっちゃあ」となっていた。

『坊っちゃん』（新潮文庫）でやってみると、15ページのつぎが20ページに飛んだ。

「新体詩などと来ては二十行あるうちで一行も分らない。どうせ嫌《きらい》なものなら何をやに立っていた鼻たれ小僧をつらまえて中学校はどこだと聞いた。小僧は茫《ぼん》やりして、知らんがの、と云った。気の利かぬ田舎ものだ」

小説というのは、同じトーンで書かれているので文章が少々繋がっていなくても、気分がつながっていると読めるものだ、とあらためて感心する。いま漱石が生まれたあたりに住んでいるおれは、かつて愛媛県の田舎のほうを旅してるときに、土地の人が説明してくれる道順の話し方がまどろっこしくてまどろっこしくて、うきーっと叫んでしまいそうになったことがあるくらいで、だから坊っちゃんの気持ちはよくわかります。

「どうせ嫌なものなら何をや」で切れて「っても同じ事だと思ったが」となり、うしろのほうは「陸《おか》へ着いた時も、いの一番に飛び上がって、いきなり、磯」「に立っていた鼻たれ小僧をつらまえて中学校はどこだと聞いた」となる。まあ、この坊っちゃんじたいがせっかちだから、これくらい読み飛ばしても何も云われなさそうだ。

その次に手近にあったのは『坑夫』（岩波文庫）なんで、ぺらぺらやっていったら、13ページから16ページに飛んだ。「実をいうとこの男の顔も服装《なり》も動作もあんまり気に入っちゃいない。ことにさっき白「御前さん、働く了簡はないかね。どうせ働かなくっちゃならないんだろう」となった。

『それから』（岩波文庫）、157ページまではいったけど163ページに飛んだ。

「彼は昔から今日《こんにち》までの思索家の、しばしば繰り返した無意義な疑義を、また脳裏に拈定《ねんてい》するに堪えなかった。側から外を窺うと、奇麗な空が、高い色を失いかけて、隣の梧桐の一際濃く見える上に、薄い月が出ていた」

ふつうに読めるから怖い。

「拈定するに堪えなかった」で157ページが終わって、次は「縁」「側から外を窺うと」だったから、ですね。

『こころ』（新潮文庫）でやってると、かなりいいところまでいって、317ページまで堪えて328ページになってしまった。

「Kは正しく失恋のために死んだものとすぐ極めてしまったのです。しかし段々」「注解五ページ　＊こころ　新聞発表時のタイトルは「心」」

小説の途中から「注のページ」に飛んでしまいました。さすがに続いてませんね。

でもまあ、小説なんてのは1、2ページ飛ばしても大丈夫だってことで、それぐらい飛ばされてもびくともしないのが新体詩なんだとおもうよおれは。新体詩ってなんですか。

文庫本のてっぺんから背表紙の一番上の文字までを測ってみる

本は、出版した当初は平積みしてくれる。

しばらくすると棚に差される。

ないしは送り返される。うーん。

文庫でもこれは同じで、発売して1カ月は平たく横に積んでもらえることが多いので、文庫の担当編集はその1カ月にどんどん売らなければいけない、と言います。でもあまり、カントやゲーテが店頭で営業してるのを見たことないから、べつにいいんじゃないかと言うと、だからカントやゲーテは売れなくなっていくんです、と言い切っていた。うひゃあ。そうなのか。

　1カ月経つと、横になって平積みされていたものが、棚に縦に差されるようになる。書店員さんが差してくれる。休日には家でごろごろしていて、縦のものを横にもしないんだから、と家族に文句を言われている書店員さんでも、平積みの本が売れなくなると、横の本を縦にして棚に差しこんでくれます。

縦になると、狭いです。

背幅しか主張できない。

400ページくらいの文庫で横幅1・5センチくらい。お値段は600円少々。狭いですよね。1・5センチの幅にタイトルと著者名と出版社名と値段と愛と欲望が書き込まれているので、大変です。

文庫本が並んでるのを見ると、やはりタイトルは短いほうが売れるのかなあとおもいます。やはり『変身』とか『罪と罰』とか『明暗』とか『こころ』とか『ファウスト』とか『魔の山』とか『嵐が丘』とか、なんかそのあたりの5文字以内のタイトルが、とてもいいような気がしてくる。タイトルが長いと背表紙では2行取りになって、文字が小さくなってしまいますから。

文庫の背は、だいたい「タイトル」があって著者名が入ってることが多い。

「革命のふたつの夜　筒井康隆」

だいたいこの順です。

講談社文庫は著者名が上ですね。

「村上春樹　む6」とあって『羊をめぐる冒険（上）』と続く。む6は、「むむむむむむ」のことではなくて、たぶん「む」で始まる作家の6番ってことでしょう。村松友視、村上龍、向田邦子あたりがいて春樹は6番ってことだったみたいだ。あと2人は誰なんだろう。

あと、いま気づいたんだけど、岩波文庫はみんな「作」と入れるんですね。

「坑夫　夏目漱石作」

「失われた時を求めて　プルースト作　吉川一義訳」

と入ってます。作ったのが誰かわかりやすいです。でも『徒然草』は「徒然草　西尾実・安良岡康作校注」となっています。「作校注」って何かとおもったら、安良岡先生の下の名前が康作で、「康作の校注」が「康作校注」となってしまったんですね。「安良岡康の作校注」かとおもって、徒然草は吉田兼好の作ではないのかあ、と2秒くらいびびりました。お願いします。

文庫本の狭い背を眺めていると、ふと、文春文庫はタイトルまでのスペースが広いように感じました。てっぺんのところからタイトルの最初の文字の部分までですね。

「考えるヒント　小林秀雄」の「考」の字と文庫のてっぺんまでは10ミリ、1センチあいてました。「少年少女飛行倶楽部　加納朋子」「アンデルセン童話集」も10ミリでした。でもなんか「中国行きのスロウ・ボート　村上春樹」は7ミリちょっとしかありません。村上春樹だけの処置かとおもえば、「若い読者のための短編小説案内　村上春樹」はタイトルがすごく長いのに（2行取りにはせず文字がすごく小さくしてあります）ほぼ10ミリ取ってあります（だいたい9・8ミリくらい）。

新潮文庫は7ミリですね。文庫のてっぺんからタイトルの最初の文字まで7ミリ。トーマス・マンでもヘッセでも夏目漱石も佐藤多佳子も宮本輝も7ミリでした。これは決まってるのでしょう。

岩波文庫は6ミリ。

ホメロスと伊東静雄と宇野浩二と源氏物語と日本近代随筆選を測ると6ミリでした。てっぺんからタイトルまで6ミリ。新潮文庫よりも1ミリ上に行ってます。徒然草は、新釈という字があるからか、5・5ミリでした。安良岡康作校注。

講談社文庫は、著者名が上ですけど、そこまではだいたい4ミリのもあったけれど、だいたい4ミリ。タイトルはずっと下にあるから36ミリくらい下になりますが、それはあまり意味ないですよね。講談社文庫4ミリ。

中公文庫は『フロイスの見た戦国日本』は8ミリで『革新幻想の戦後史（上）』は7ミリとちょっと。『日本の歴史14　鎖国』は6・5ミリです。ちょっとばらばら。『東海道戦争』は7ミリだけど『ベトナム観光公社』は8ミリ。フロイスとかベトナムとかカタカナで始まると1ミリほど下がるってことは、本来は7ミリで、字の形によってはそれよりもちょっと下がる、ということだとみたが、どうだろう中央公論。おっす。

いちおう、いま、私の机の周辺にある文庫本だけで測っています。世界は偏っていますが仕方ありません。それが世界です。

河出文庫や集英社文庫も著者名が上に来ています。

集英社文庫は漱石の『こころ』1冊しかないんだけど、てっぺんから「夏目漱石」の文字（夏の字の一番上の横棒）まで5ミリでした。集英社は5ミリ。河出文庫は、著者名の上に「あ12－5」というような記号が入っていて（安藤鶴夫の5冊目の本です）それが四角で囲まれているんですが、うちにある安藤鶴夫と色川武大の文庫のこの四角はすべて歪んでます。というか傾いている。この枠の上まで右のほうは3ミリ、左のほうは3・5ミリくらいある。5冊あるんだけど、みんな左下がりになっています。何かあったんだろうか。3ミリだとすると、ここがもっとも短いですね。背の文字が上に行こうという気持ちは河出が一番強いということになる（いまの私の机の周辺文庫世界では）。

文庫本のてっぺんから背表紙の一番上の文字（河出は枠）までのスペースランキングは河出3、講談社4、集英社5、岩波6、新潮7、中公7、文春10。でした。

なんか各社微妙に差があるのがいいですね。独自性なのでしょう。ちす。

筒井康隆文庫の古書価を調べてみる

星新一と小松左京と筒井康隆が人気ＳＦ作家として並び称されていたころがあった。だいたい昭和40年代です。

最初に読んだ筒井康隆の『アフリカの爆弾』がこの世のものとはおもえないほどにおもしろく、それから私はひたすら筒井康隆ばかりを読んでいた。文庫で読んでいた。文庫になった筒井康隆は、ほぼ全部読んでいたとおもう。

小松左京は読んだ。星新一は読んでない。

いまは昭和で言えば90年代になるから50年近く経つわけですが、筒井、小松、星のうち、きちんと息長く残っているのは星新一のようだ。いまの大学生も星新一は読んだことあると答える。文庫本でもけっこう出ている。

当時はそうなるとはおもってなかった。

筒井康隆が圧倒的な人気で、小松左京も根強い人気で、星新一は軽い人気だと勝手におもってた。

ひょっとして小松左京と筒井康隆が、かなり関西色の強い作家なのに比べて、星新一は洒脱で都会ぽいので、つまり東京ぽいので、避けてたのかもしれないなあ。書いていて何だよとおもうけど、あの時代にはそういう空気がありました。つまり関西人にとって、東京なにするものぞ、という、わりと徒手空拳な対抗心です。東京に出て来てから、東京の人は関西をまったく念頭においてないことにかなりショックを受けました。

筒井康隆は、かつてずらっと文庫本が並んでいたのに、数年前に探したら、あまり売ってませんでした。ただ、最近、また筒井康隆熱が昂じているようなので（日本人にね）、文庫本も復刻されていますね。

昭和40年代の筒井康隆といえば、ハヤカワ文庫と角川文庫でした。

ハヤカワ文庫の最初の文庫は『馬の首風雲録』だった。でも、これはちょっと太くて350円くらいしたので、230円（だったとおもう）の『アフリカの爆弾』を買った。

スパイの話があって、テレビ電話の話があって、モデルの女性が撮影中に肛門からサナダムシを出してしまった話があって、宇宙飛行士の話があって、ヒストレスヴィラから抜け出せない話があって、山手線で乗り換えると人が増える話があって、アフリカの小さい集落が国連から水素爆弾を買って持って帰る話がある。いまとなってはあまり使われない言葉がたくさん出ている。

『アフリカの爆弾』をよく読むと広島に原爆が落とされたのを70年前と書いているから2015年の設定の話です。去年だ。旧年中はいろいろお世話になりました。いえいえ。『アフリカの爆弾』は2016年に読んでもおもしろいね。水爆をみんなで担いで運ぶんだけど、弾頭部の起爆針がぐらぐらでいつ爆発するかわからない、という設定がいまでもおもしろいっす。まあ、去年の話だからね。本年もよろしくお願いします。はいはいはい。

いま古書はインターネットで買う。検索が便利だし、日本全国の古書店から買えます。アマゾンの古書と、あと「日本の古本屋」というところを中心に、いろいろ探して買います。『アフリカの爆弾』はアマゾンでは1円で売っている。送料が257円かかるから1円こっきりではないのだが、でも安い。

筒井康隆の文庫本はたくさん売れただろうから、古書になってもあまり高い値段はつかない。角川文庫の筒井康隆では『ホンキイ・トンク』『筒井順慶』『革命のふたつの夜』『日本列島七曲り』『時をかける少女』が1円で売ってましたね。あくまで6月末でのお話であります。

最低価格が高いのは、

『にぎやかな未来』275円
『脱走と追跡のサンバ』300円
『幻想の未来』560円

あたりです。
古書の値段を見ていて不思議なのは、高いものは二の足を踏むけど、でも安すぎるのも不安に感じる、というところですね。
１円の古本よりは１００円くらいのほうがまだ信用できる気がする。でも１００円だからね、１円の古本が数十冊あるのに、それを越えて１００円のを買ったぞ、いいものを買ったぞとおもってると、ごくごくふつうの古い本が送られてきて落胆しますが、１００円でいいものは買えません。
でも古本なのに、しかも文庫なのに、すごく高い本も出ている。
高いほうでみると、
『幻想の未来』５９９８円
『農協月へ行く』２８００円
『革命のふたつの夜』２３００円
『日本列島七曲り』２２５０円
『脱走と追跡のサンバ』２０００円

●筒井康隆文庫の古書価（2016年6月末調べ）

書名	文庫	最低価格	最高価格	初版刊行
馬は土曜に蒼ざめる	ハ	¥1	¥800	1975年1月
馬の首風雲録	ハ	¥1	¥680	1972年3月
ベトナム観光公社	ハ	¥1	¥1000	1973年12月
東海道戦争	ハ	¥1	¥680	1973年8月
国境線は遠かった	ハ	¥1	¥550	1975年7月
幻想の未来	角	¥560	¥5998	1971年8月
アフリカの爆弾	角	¥1	¥1800	1971年12月
にぎやかな未来	角	¥275	¥648	1972年6月
わが良き狼	角	¥10	¥1500	1973年2月
ホンキイ・トンク	角	¥1	¥400	1973年11月
筒井順慶	角	¥1	¥400	1973年9月
革命のふたつの夜	角	¥1	¥2300	1974年3月
脱走と追跡のサンバ	角	¥300	¥2000	1974年6月
日本列島七曲り	角	¥1	¥2250	1975年6月
農協　月へ行く	角	¥1	¥2800	1979年5月

（ハ＝ハヤカワ文庫、角＝角川文庫）

となっている。高い。1円で売ってる本があるのに2000円以上の値段がついている。しかもだいたい1970年代か80年代の古書で、そんなきれいな新品同様の美品ではないはずです。でも高い。おそらく、高いほうがいいだろう、と考える人に向けての値段設定なんでしょう。うかうか買ってくれる人がいたらラッキーという気分で値段をつけてる感じがします。私もごくごくたまに少し高いのを買ってみて、だいたい後悔します。みなさんも一度は引っ掛かってみたほうがいい。そういう人生のほうがたぶん楽しいです。

あとは『ベトナム観光公社』と『東海道戦争』も好きです。ベトナム観光公社が略して「べっかんこう」だというギャグも好きですが、関西らしい作風というのはこういうところにもでてますな。

岩波文庫の緑メンバーの生年を調べてみる

文庫本というのは「万人の必読すべき真に古典的価値ある書をきわめて簡易なる形式において逐次刊行」されるものなのである。岩波文庫にはいまでもそう書いてある。読書子に寄す。字がすごく細かいですが。

それでいえば、文庫本には、古典のみ収録するべきであるということになり、岩波文庫は、けっこうそのラインを守ってるようにおもう。

古典とは何かというのがむずかしい問題ですが、しごくあっさり言えば、作者が故人、というのが私のイメージです。湖人でもいいです。よかないか。次郎物語限定になってしまうか。まあ、もう死んじゃった人の作品が古典というか、古典になる可能性がある、という勝手なイメージです。

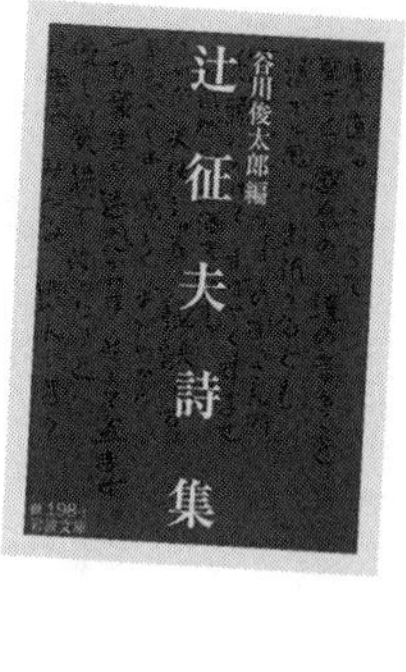

岩波文庫は、たしかに現役作家の作品を出してないよなてことで、現在売られている「岩波

明治前半二十年まで	1883生	茅野蕭々	緑179
		高村光太郎	緑47
		志賀直哉	緑46
	1882生	小川未明	緑149
		鈴木三重吉	緑45
		斎藤茂吉	緑44
	1881生	会津八一	緑154
		森田草平	緑43
	1879生	山川登美子	緑188
		長谷川時雨	緑103
		永井荷風	緑41,42
		長塚節	緑40
		正宗白鳥	緑39
	1878生	鏑木清方	緑116
		真山青果	緑101
		与謝野晶子	緑38
		寺田寅彦	緑37
		有島武郎	緑36
	1877生	窪田空穂	緑155
		薄田泣菫	緑31
	1876生	島木赤彦	緑35
	1875生	蒲原有明	緑32
	1874生	上田敏	緑34
		高浜虚子	緑28
	1873生	河東碧梧桐	緑166
		泉鏡花	緑27
	1872生	樋口一葉	緑25
		島崎藤村	緑23,24
		田山花袋	緑21
	1871生	島村抱月	緑118
		土井晩翠	緑20
		国木田独歩	緑19
	1870生	小金井喜美子	緑161
	1868生	鶯亭金升	緑162
		山田美妙	緑109
		徳冨蘆花	緑15
		尾崎紅葉	緑14
明治より前	1867生	正岡子規	緑13
		幸田露伴	緑12
		夏目漱石	緑10,11
	1865生	石橋忍月	緑120
	1864生	伊藤左千夫	緑9
		二葉亭四迷	緑7
	1863生	村井弦斎	緑175
	1862生	森鷗外	緑5,6
	1861生	広津柳浪	緑8
	1859生	淡島寒月	緑159
		坪内逍遥	緑4
	1853生	坂崎紫瀾	緑187
	1839生	三遊亭円朝	緑3
	1837生	成島柳北	緑117

文庫の緑・現代日本文学」のメンバーをピックアップしました。今年（2016年）の文庫解説目録に載っていたメンバーです。だから現在売られてない文庫（品切れ）の作者は入っていません。

作家に番号がついている。1から順についています。でも、いま緑の1番と2番は欠番です。たぶん王と長島が入ってたんだとおもう。

3番に三遊亭円朝、4番が坪内逍遥、5番と6番を森鷗外が占領して、7番が二葉亭四迷、8番広津柳浪、9番伊藤左千夫、10

●岩波文庫の緑（現代日本文学）2016年現在扱われている作家の生年

昭和	1939生	辻征夫	緑198
	1935生	大江健三郎★	緑197
	1931生	大岡信★	緑202
		谷川俊太郎★	緑192
		有吉佐和子	緑180
大正	1926生	茨木のり子	緑195
	1920生	石垣りん	緑200
	1917生	峠三吉	緑206
	1915生	串田孫一	緑148
	1914生	立原道造	緑121
		木下順二	緑100
	1913生	織田作之助	緑185
		新美南吉	緑150
明治後半二十一年以降	1909生	中島敦	緑145
		佐藤佐太郎	緑129
		大岡昇平	緑123
		太宰治	緑90
	1907生	中原中也	緑97
	1906生	坂口安吾	緑182
		朝永振一郎	緑152
		伊東静雄	緑125
	1905生	加藤楸邨	緑189
		原民喜	緑108
		伊藤整	緑96
	1904生	幸田文	緑104
		堀辰雄	緑89
	1903生	山之口貘	緑205
		林芙美子	緑169
		小林多喜二	緑88
	1902生	木下彪	緑199
		久生十蘭	緑184
		小林秀雄	緑95
		中野重治	緑83
	1901生	明石海人	緑190
		小熊秀雄	緑99
		梶井基次郎	緑87
	1900生	中谷宇吉郎	緑124
		三好達治	緑82
	1899生	川端康成	緑81
	1898生	尾崎士郎	緑204
明治後半二十一年以降	1898生	吉田一穂	緑172
		井伏鱒二	緑77
		横光利一	緑75
	1897生	柴田宵曲	緑106
	1896生	尾崎翠	緑196
		河野与一	緑164
		宮沢賢治	緑76
	1895生	森銑三	緑153
		金子光晴	緑132
	1894生	江戸川乱歩	緑181
		宮城道雄	緑168
		西脇順三郎	緑130
	1892生	西條八十	緑194
		堀口大學	緑193
		三宅周太郎	緑176
		尾崎喜八	緑140
		佐藤春夫	緑71
		芥川竜之介	緑70
	1891生	岸田劉生	緑151
		広津和郎	緑69
		宇野浩二	緑68
		倉田百三	緑67
	1890生	土屋文明	緑105
	1889生	内田百閒	緑127
	1888生	菊池寛	緑63
		里見弴	緑60
明治前半二十年まで	1887生	折口信夫	緑186
		水上滝太郎	緑110
	1886生	古泉千樫	緑126
		萩原朔太郎	緑62
		谷崎潤一郎	緑55
		石川啄木	緑54
	1885生	尾崎放哉	緑178
		木下杢太郎	緑53
		若山牧水	緑52
		中勘助	緑51
		武者小路実篤	緑50
		野上弥生子	緑49
		北原白秋	緑48
	1884生	小宮豊隆	緑85

★は存命の作家（2016年時点）

番と11番が夏目漱石、12番幸田露伴、13番正岡子規、14番尾崎紅葉、15番徳冨蘆花です。16番から18番が欠番。16番は打撃の神様、川上哲治（巨人軍）の番号だから欠番なんだとはおもうが、違う気もするので、欠番問題についてはあらためて調べておきます。

このナンバリングは、だいたい生年順です。でもすべてがきちんと生年順でないところが、ちょっと落ち着かないです。7番四迷は1864年生まれなのに8番広津柳浪が1861年生まれというところと、「31薄田泣菫1877年、32蒲原有明1875年、33欠番、34上田敏1874年」のところ、あと宮沢賢治と小宮豊隆が順番が変です。でもそれ以外は100番まではだいたい生年順です（101番以降はかなりぐだぐだです）。「おれたち慶応三年組」の夏目漱石、幸田露伴、正岡子規はきちんと連番になってます。

100番までだいたい生まれ年順に作家が並んでるとおもってみると、ちょっと楽しい。そうか、川端康成と島田清次郎は同年か、なんてなかなかおもしろいんですが、すません、島田清次郎は岩波文庫に入っていません。どこにも入ってない。

2016年夏の時点で、岩波文庫の緑にナンバリングされている現代日本文学の作家は130人です。三遊亭円朝も現代日本作家です。よろしく。累ヶ淵。

ほとんどが明治生まれでした。130人中103人が明治生まれ。岩波文庫にとっての現代日本文学は、明治生まれ作家ということです。太宰治も明治生まれ。

大正生まれは8人。

昭和生まれは5人。有吉佐和子と大江健三郎が小説で、残り3人は詩人です。辻に大岡に谷川。大江、大岡（※）、谷川の御三名はご存命であります。いちおう存命作家の作品も岩波文庫に入ってるわけだ。平成生まれは入っていません。

昭和が少ないのはまだ古典前だからしかたないとして、大正生まれの作家があまりに少ない。大正時代が15年とやや短かったこととは別に、この時代に生まれた若者の多くが、大東亜の戦争で死んでしまったからだよなあ、とおもい至ります。夏です。

（※大岡信は２０１７年没）

岩波文庫〔緑〕の欠番を調べてみる

読売巨人軍の欠番は、1、3、4、14、16、34でそれぞれ王貞治、長嶋茂雄、黒沢俊夫、沢村栄治、川上哲治、金田正一の背番号です。4番の黒沢俊夫だけがかなりマイナーな選手で、かれはシーズン途中に腸チフスで死んでしまい、そのときにもう3年も前に死んでいた沢村栄治の14番と一緒に巨人軍初の永久欠番になりました。細かい事情は知らないけど、どうみたって「4」という数字を避けようとしてるようにしか見えません。これが巨人欠番の始まり。

岩波文庫「現代日本文学」の〔緑〕にも欠番があって、1番2番が欠番です。飛んで16番17番18番も欠番です。この欠番は腸チフスのせいではありません。売れないからですね。売れない本は品切れとなる。文庫界の厳しい現実であります。

現代日本文学〔緑〕1番は仮名垣魯文。あの、何とか鍋で有名な魯文です。いまは欠けてます。2番は矢野龍渓で、たしかにそんなに高名ではないですね。明治時代に「K国B談」みた

いな感じの本を出してすごく売れました。ギリシャの話だったとおもいます。

3円朝4逍遥5鷗外6鷗外7四迷8柳浪9左千夫10漱石11漱石12露伴13子規14紅葉15蘆花と文豪が並んでの、欠番16は北村透谷です。うーん。北村透谷は落ちてしまうのか。すごく残念な気がするが、では北村透谷は何を書いたのかと聞かれると、いやあ、いろいろ書いてたじゃないですか、としか答えられない。小田原で北村透谷の墓を詣でた覚えがあるけど、小田原じゃないのか。人生に相渉るとは何の謂ぞ、というフレーズをおもいだしたけど、そのフレーズがすべてです。何の謂だったんでしょう。次の欠番17は高山樗牛です。滝口入道という四字熟語がふっと浮かんで、それですべてです。滝の口へ入ることこそ道そのものである、というあたりの意味でどうでしょう。次の欠番18が木下尚江。この人は運動家だったような気がします。

19独歩20晩翠21花袋とこれは現役で、22の欠番が徳田秋声。この人は一時かなり売れていた作家だとおもうが（とは言っても大正年間）いまは岩波文庫のラインナップからはずされています。二軍調整中です。たぶん。

23藤村24藤村25一葉とメジャーどころが並んで26欠番が岡本綺堂です。岡本綺堂も半七捕物帳があるから、けっこうメジャーだとおもうけど、いま欠番。

27鏡花28虚子はまだ在庫ありますが、29の近松秋江が欠番。うーん。戦時中に情痴小説として排斥された秋江くんは、いまも岩波文庫では読めません。残念。続く30番も欠番で伊良子清白。ちょっと存じ上げません。詩の方みたいです。

31泣菫32有明ときて33河井酔茗が欠番。このあたりは詩人が並んでます。

このあと34上田敏から55谷崎潤一郎まで欠番がない。56は葛西善蔵で欠番。うーん、葛西善蔵がはずされているんか、とちょっとショックですね。私小説の代名詞のようなこの作家は、漏れ聞くその〝とんでもない生活ぶり〟に憧れます。いま残る肖像写真を見ると、すごく色っぽい。そりゃまあどんどん放蕩もするだろう、とおもいます。でも岩波では欠番。

57吉井勇も欠番、58山本有三も欠番。

59も欠番なんだけど、誰だかわからなかった。まあ、そんなに真剣に調べたわけではないんだけど、ゆるーく調べではわかりませんでした。

60淳の次61は欠番で長与善郎。シラカバックな感じ。

62は朔太郎、63は寛。そのあと3つ欠番になる。欠番64岡本かの子、欠番65久保田万太郎、欠番66室生犀星。岡本かの子は、爆発だあ、のお母さんで有名じゃんとおもったけど、どんな小説を書いていたか知りません。65久保田万太郎は江戸っ子で落語関係でもよく耳にする先生です。66室生犀星は教科書で読んだ覚えがあります。でもいま岩波品切れ中。

67百三、68浩二、69和郎、70竜之介、71春夫と売られてる作家が続きますが、ずっと下の名前だけで作家を紹介してるけど、ちょっとわからないのもありそうですね。浩二は宇野浩二です。あの、くらくらする偏執的な宇野さんです。

72から3人連続で欠番になっている。72は葉山嘉樹。プロレタリアですね。73は瀧井孝作。

●岩波文庫の緑（現代日本文学）2016年現在欠番一覧

欠番	作家名	生年	没年
緑1	仮名垣魯文	1829	1894
緑2	矢野 龍渓	1851	1931
緑16	北村透谷	1868	1894
緑17	高山樗牛	1871	1902
緑18	木下尚江	1869	1937
緑22	徳田秋声	1872	1943
緑26	岡本綺堂	1872	1939
緑29	近松秋江	1876	1944
緑30	伊良子清白	1877	1946
緑33	河井酔茗	1874	1965
緑56	葛西善蔵	1887	1928
緑57	吉井勇	1886	1960
緑58	山本有三	1887	1974
緑59	（わかりません）		
緑61	長与善郎	1888	1961
緑64	岡本かの子	1889	1939
緑65	久保田万太郎	1889	1963
緑66	室生犀星	1889	1962
緑72	葉山嘉樹	1894	1945
緑73	瀧井孝作	1894	1984
緑74	嘉村礒多	1897	1933
緑78	宮本百合子	1899	1951
緑79	徳永直	1899	1958
緑80	黒島伝治	1898	1943
緑84	阿部知二	1903	1973
緑86	内田魯庵	1868	1929
緑91	野間宏	1915	1991
緑94	石川淳	1899	1987
緑98	小堀杏奴	1909	1998
緑102	中村憲吉	1889	1934
緑107	（わかりません）		
緑111	斎藤緑雨	1868	1904
緑112	田村俊子	1884	1945
緑113	上司小剣	1874	1947
緑114	小杉天外	1865	1952
緑115	小出楢重	1887	1931
緑119	長谷川天渓	1876	1940
緑122	田宮虎彦	1911	1988
緑128	牧野信一	1896	1936
緑131	草野心平	1903	1988
緑133	大手拓次	1887	1934
緑134	武田泰淳	1912	1976
緑135	山岳紀行文集		
緑136	岩野泡鳴	1873	1920
緑137	末広鉄腸	1849	1896
緑138	宮柊二	1912	1986
緑139	木村荘八	1893	1958
緑141	（わかりません）		
緑144	小栗風葉	1875	1926
緑146	（わかりません）		
緑147	小島政二郎	1894	1994
緑156	藤木九三	1887	1970
緑157	尾崎一雄	1899	1983
緑160	谷譲次	1900	1935
緑163	木下利玄	1886	1925
緑165	野上弥生子	1885	1985
緑167	内藤鳴雪	1847	1926
緑173	三木竹二	1867	1908
緑174	杉山其日庵	1864	1935
緑183	小田実	1932	2007

ずっと芥川賞の選考委員をやっていた先生。74嘉村礒多、私小説の先生ですね。なんか、貧乏を基盤とした私小説がずいぶん削られている気がする。

75利一、76賢治、77鱒二の有名どころはのこっていて、78からまた3つ欠番。78は宮本百合子、79は徳永直、80は黒島伝治。宮本百合子はかの共産党の方で、徳永直は太陽のない街の人で、黒島伝治は小豆島の人です。

残り100まで、残ってる作家は、81康成、82達治、83重治、85豊隆、87基次郎、88多喜二、89辰雄、90治、92と93は唱歌と童謡、95秀雄、96整、97中也、99秀雄、100順二です。そのあいまで欠番になっているのが84の阿部知二、86内田魯庵、91野間宏、94石川淳、98小堀杏奴です。

100番以降も欠番は30人いる（残ってるのは76人）。以下欠番の人。

中村憲吉、（107不明）、斎藤緑雨、田村俊子、上司小剣、小杉天外、小出楢重、長谷川天渓、田宮虎彦、牧野信一、草野心平、大手拓次、武田泰淳、（山岳紀行文集）、岩野泡鳴、末広鉄腸、宮柊二、木村荘八、（141不明）、小栗風葉、（146不明）、小島政二郎、藤木九三、尾崎一雄、谷譲次、木下利玄、野上弥生子、内藤鳴雪、三木竹二、杉山其日庵、小田実。この人たちはいま欠番、品切れ状態です。

小田実なんて、怒り肩で怒りを表現するという不思議な技を発揮しつつ朝まで生テレビに出ていた印象が強いですが、いつの間にか岩波文庫に収録され、いつの間にか品切れ状態になっていました。

いまも文庫に残っている作家と、いま欠番になっている作家の差というのは、なんとなくわかるような気もするんだけど、やっぱりわかんないのはわかんないですね。はい。世は移ろいます。ビールください。

ノーベル文学賞作家を どれくらい読んだか

ボブ・ディランのノーベル賞のニュースを見ながらそういえば最近、ノーベル飴を食べてないなあとおもっていた。小学生のころよく袋に入った飴を食べていたのにとおもって、いま調べると、「はちみつりんごのど飴」「ＶＣ－３０００のど飴」「のど黒飴」がノーベルの飴なのだということを知りました。いまでもめっちゃなめてるやん、とおもいました。

ノーベル文学賞受賞者は、ことし（２０１６年）のボブ・ディランでたぶん１１３人くらいで、１１３人のうち、どれぐらいの人のを読んだことあるかとみてみた。１９１１年のメーテルリンクがもっとも古いところで、次は１９２３年のイェイツまで飛んでしまう。イェイツにしてもその詩集を持っていたことがあるだけで（借りただけかもしれない）、詩人となると、その詩集を持っていたか（ないしは教科書で読んだことがあるか）くらいしか判断基準がなくて、なかなかむずかしいです。

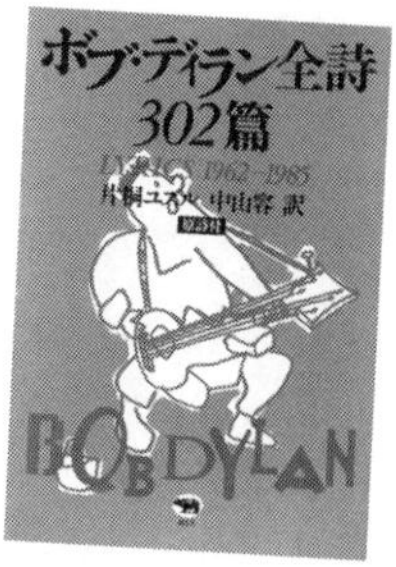

1925バーナード・ショーと1950のバートランド・ラッセルは、著作はきちんと読んでないけれど、むかしは英語の例文によく使われていて、ほんとにごく一部だけなら読んだことがある、という感じです。ただ真剣に読まされている。ラッセルの「人に郵便物の投函を頼むと、だいたい忘れられる」という一文はいまだに覚えていて、ほんと脳って無駄に使っているよなあ、とつくづくおもいます（記憶違いかもしらん）。

あとはトーマス・マン（1929）、パール・バック（1938）、ヘルマン・ヘッセ（1946）、アンドレ・ジッド（1947）、T・S・エリオット（1948）、フォークナー（1949）、ヘミングウェイ（1954）、カミュ（1957）、スタインベック（1962）、川端くん（1968）、ガルシア＝マルケス（1982）、ゴールディング（1983）、大江くん（1994）、とこれくらいだな。なんか全部、新潮文庫で読んでる気がする。つまり新潮文庫に入ってないとノーベル文学は読めないのだよ。1940年代の受賞者はまだかなりメジャーな人たちだけど、1970年以降は、読んだことがないレベルどころではなく、そもそもあんた誰、というようなまったく知らない人たちが並ぶわけっすよ。ネルーダベルホワイトユーンソン、ブロツキマフフズホセセラヒーニーシンボルスカドウデスカフォサラマーゴ、ふむふむ。三回唱えると悪魔が寄ってきます。大江健三郎を抜くと、さかのぼってっても1983年蠅の王まで読んだことがある人はいなくて、つまるところここ30年くらいのノーベル文学は商売にならないということではないでしょうか。商売商売と。

そんでもって、ことし（２０１６年）いきなりボブ君である。めちゃめちゃ有名である。新潮文庫には入ってないけど。

わたしの記憶によると１９７２年に「よしだたくろう」が売れに売れて（当時はひらがな表記）、そのよしだたくろうが、自分のことを語るときに、つねにボブ・ディラン、ボブ・ディラン、ボブ・ディランと唱え続けたので、それは聞かないといけないとおもって、レコードを買いにいった中学生が全国で数十万人いたのだ（ものすごく適当な推測です）。

私も１９７２年中学３年の一学期期末試験が終わって夏休みに入る前に、学校近くの聖文堂レコード店に買いに行った覚えがある。どれを買えばいいのかわからないので、当時、ボブ・ディランのことをとてもよくしっているというウワサの隣の組のヤマモトハルヒコ君についてきて選んでもらった（かれはよしだたくろう以前からボブ・ディランを知っていたという当時の中学生としては神のような存在だったのだ）。

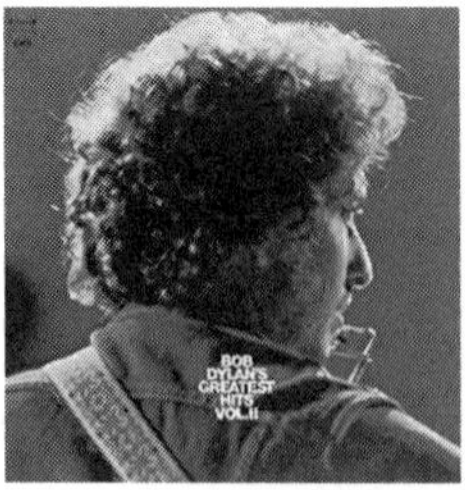

選んでくれたのは「グレイテスト・ヒッツ２」であった。いまから考えるとヤマモト君もめちゃくちゃ詳しかったわけではなく、知ってる曲が何曲かあったオムニバスアルバムを選んでくれたんではないかとおもうが、これはこれでいい選択だった。

その後、いろんな雑誌やら本を見て、ボブ・ディランの偉大なる歴史を知り、ボブ・ディランは最初から順に聞かないと意味がないという、誰かの挑発的な文言を読んで、だったら最初から聞いてやろうじゃないかとおもいたって、グレイテスト・ヒッツ2を聞いたことはいったんなかったことにして（めちゃくちゃ何度も聞いていたけど、聞かなかったことにした）、ファーストアルバム「ボブ・ディラン」から順に「フリーホイーリン・ボブ・ディラン」「時代は変る」と聞いていった。しかも1枚のアルバムを繰り返し繰り返し最低1カ月聞くようにして、ボブ・ディランの場合は歌詞が大事なので、きちんと歌詞カードとその訳詞を見ながら聞いて、歌を聴いてるだけでどういう意味なのかがわかるくらい聞いて、徐々に進んでいくことにしました。いったい何をやってるんだとおもうけど、10代の少年がおもいこんでしまったのだからしかたがない。1974年くらいからそれを始めて、6枚目の追憶のハイウェイ61で力尽きた。1977年です。でもなぜか40歳を越えてから再び続けようとおもって、7枚目、8枚目を聞いて、いままだ（2016年現在）9枚目の「ナッシュヴィル・スカイライン」の途中です。1969年の作品なので、47年くらい遅れていることになりますな。いったいどうなるんだろうとおもってたら、2016年にノーベル文学賞をもらったというので、どうしていいかわかりません。17枚目の「デザイアー」までは続けよう、といま決めました。ボブ君が生きてるうちにやらないとね。

えーと、だからノーベル賞は歌手ではなく、詩人としてのボブ君にあげたわけですし、そもそも文学というのは詩が本道であって、詩の世界は天上世界に近く上品なもので、小説という下世話なものとはそもそも世界が違っていて文学世界では絶対に詩のほうがえらく（ちょっと個人的な嗜好です）、久しぶりに上品な受賞でよかったなとおもいますが、しかし、まったく知らない人シリーズだった受賞者レシングクレジオミュラリョサトランストロンメルバクマンロモディアノアレクシエビチ（ここ10年）ときて、いきなりボブ君だからね。何というか、ちょっと目立ちたいという話題にして欲しいしてして感があって、なんかしらの反発が起こっておりますが、たしかに、いつも風に吹かれてばかり流れるのはどうなのかなとはおもいますな。メンフィスブルース・アゲイン。

昔の小説の横文字を調べてみる

文章を書いているときに、あまり漢字が多くならないように気をつけている。漢字が多いと何か読み難く成って来る可楽で有る。可楽で、から、は無理か。

雑誌の文章を書くときに、最初に注意された。なるたけ漢字を少なく、改行を多く。それが雑誌だ日本の国だと言われました。たしかに漢字を多用すると目がちかちかして読みにくいですからね。

漢字を減らすために、横文字にする、という手もある。カタカナ外来語ですね。感情と書かずにエモーション、柄本明と書かずにエモチャン、合意と言わずにコンセンサス、郷ひろみと言わずにヒロミゴー、ジャーピャーン！　はいはい、そういうやつですな。

でも、これは文字数を食ううえに、やはり意味が通じにくいので、多用すると怒られてしまう。大統領をプレジデントと書くと鼻で笑われたうえに「ふん、じゃあ、よ、大統領ってかけ

声のときに、おまえは、よ、プレジデント、と言うのか。統領はジデントか、大工の棟梁に、ちょっとジデント、お願いがあって、と言うのか」と熊五郎に怒られる。ジデントとは言いません。

あれから幾星霜（だいたい32年くらいですけど）、なんかどんどん横文字を使う比率が増えてる気がする。

ということは、昔の小説は、やはり横文字、つまり外来語のカタカナ表記が少なかったんだろう。

たしかに『伊勢物語』には、西洋からの外来語はありません。いま1冊を18秒くらいで見たけど、たぶん、ない。でもこれは遡りすぎです。やはり明治から見てみたみ、みたみじゃなくて、みたい、だぞ、たみ。なんだたみって。そりゃもちろん、『野菊の墓』のヒロインでさ。松田聖子も演じました。いきなり脈絡なく、野菊の墓をチェックしてみた。作品選択は勢いです。

『野菊の墓』にカタカナはところどころ出てくるが外来語ではない。新潮文庫で9ページめくらいに、ロクロク話もせなかった、というカタカナは出てくる。これは内田裕也的なrock' n' roll話もせなかったこともおもったが、ちがいますね。明治の矢切地方には内田裕也はいません。

でも小説はいってから14ページめに「ズボン下」が出てくる。「僕はズボン下に足袋裸足麦藁帽という出で立ち」。その8ページあとの「シャツ」。出てくることは出てくる。でもこれですべて。1906年の作品です。

1906年は夏目漱石『坊っちゃん』が出た年でもありますな。親譲りの無鉄砲で小供の時から損ばかりして、弱虫やーいと囃したてられ、学校の二階から飛び降りて一週間程腰を抜かした事があったりして、そんでもって、この次は抜かさずに飛んで見せますと答えたりしてどうでしょう、なんて、人の文章に手を加えながら勝手に引用してはいけません。

これも明治らしく和テイストかとおもうとすぐに1ページめに横文字が出てきます。「親類のものから西洋製のナイフを貰って」と出てくる。西洋製だから小刀とは書かないのだな。ふむ。読み進めると、ズック、プラットフォーム、フランネル、ウィッチとどんどん出てくる。ウィッチは魔女のことです。いまでも使わんわ。

そういえば、このおじさんは、英国に留学していたのでした。登場人物のあだなも赤シャツにマドンナですもんね。あとは野だいこに山嵐、うらなり。どうもこれは英国風味の落語ってところでげすな。三遊亭が絶賛、柳家は無視した作品。うそです。

漱石に絶賛された芥川龍之介の『羅生門』は1915年の作品。「或日の暮方の事である。一人の下人が、羅生門の下で雨やみを待っていた」と始まる平安時代の小説だから、大丈夫だろうと見てると、3ページめにいきなり「今日の空模様も少からず、この平安朝の下人のSentimentalisme に影響した」とでてきた。どっしぇー。しかも本当に横文字のまま、つまり縦書きなのに、アルファベットで書かれてるから縦の本を横にしないと読めない状態で出てきて、こんなやつには芥川賞はやれんな。いらんだろうけれど。

しかもこれ英語ではない。注にも、サンチマンタリズム（仏）。感傷癖、とあった。今昔物語を素材にしているだけあって、仏か、仏教語なんだなと、一瞬まじでおもってしまったよ。仏蘭西語だぞ。トレビアーントレタテヤーン。取れたてではありません。これが大正だ。大正をなめとったな。まじに大正らしい新鮮さに漱石もやられてしまったんだろう。しかしこんな作品に三島由紀夫賞はやらんぞ。おれが決めることじゃないけど。

すこし遡って、森鷗外先生で見ることにしよう。『舞姫』。舞姫と書くと吉田拓郎の声が聞こえてくるけど、幻聴です。明治23年1890年の小説。

「石炭をば早や積み果てつ。中等室の卓《つくゑ》のほとりはいと静にて、熾熱燈《しねつとう》の光の晴れがましきも徒《いたづら》なり」と始まる小説は明治20年代らしい格調がありやす。すぐそのまま「ここに集ひ来る骨牌《カルタ》仲間も「ホテル」に宿りて」と、ホテルっちゅ横文字が出てきよりました。うーん。夏目や芥川よりも早いわ。考えてみれば、これはドイツ娘との恋物語です。カタカナ外来語出まくりに決まっててんじゃん。うかつに文庫を買って調べんじゃなかった。520円税

別が勿体ない。そもそもヒロインの名前だって、ターミーだ。ちがいます。野菊の墓の民さん

をばかにしないでください。エリスです。

やはりカタカナ外来語が出ない作品は、大東亜戦争中のものでしょう。というわけで、中島

敦。

パラオ勤めから帰ってきた1942年に書いた『山月記』。「隴西の李徴は博学才穎、天宝

の末年、若くして名を虎榜に連ね、ついで江南尉に補せられたが、性、狷介、自ら恃《たの》む所すこ

ぶる厚く、賤吏に甘んずるを潔しとしなかった」。うーん、いい文章やなあ。音が心地いいわ。

さすがに横文字ひとつもございません。昔の文庫で10ページと短いしね。すぐ読めます。でも

まあそのぶん漢語が外来語的にいまいちよくわからないいまたくさん入っていて、それがそれ

で音が心地よいです。和の言葉だけで小説書くのは、やっぱむずかしいのかねえ。

戦争直前ながらもう非常時体制に入っていた1940年の太宰治の名作『走れメロス』。「メ

ロスは激怒した」。あ。そうか、舞台が日本でないから、固有名詞ながら横文字カタカナから

入っているわ。メロス、ごめん。太宰もごめん。芥川賞はやれぬ。わりー。

海外古典名作の書き出しを調べてみる

「わが主人公、アレクセイ・フョードロウィチ・カラマーゾフの伝記を書き起すにあたって、わたしはいささかとまどいを覚えている」、と書き出されるのは『カラマーゾフの兄弟』だ。

これは〝作者の言葉〟とされているところの書き出しだから、本編のほうは「アレクセイ・フョードロウィチ・カラマーゾフは、今からちょうど十三年前、悲劇的な謎の死をとげて当時たいそう有名になった（いや、今でもまだ人々の口にのぼる）この郡の地主、フョードル・パーヴロウィチ・カラマーゾフの三男であった」となる。

なんか長いよね。小説も長いけど、書き出しも長い。書いた人は、はい、フョードル・ミハイロウィチ・ドストエフスキー。そこも長いです。

『戦争と平和』いってみようか。

「戦争は平和によって戦争となる、それが戦争と平和だ」

すません。うそです。これは、ホレホレ・ホリーノビッチがいま勝手に作ったものです。ほんとうはこれ。

「〈ねえ、いかがでございます、公爵。ジェノアもルッカも、ボナパルト家の所有《もの》に、領地になってしまったではございませんか〉」

女官アンナ・パーヴロヴナ・シェーレルのセリフで、ここで終わりではない。まだまだ続きます。

「〈いいえ、わたしあらかじめおことわりしておきますけれど、これが戦争でないなどとおっしゃって、このうえまだあの反キリスト（ほんとに、わたし、あの男は反キリストだと信じておりますのよ）の、あのいまわしい、恐ろしい所業を弁護などなさるようでしたら、――わたしはもうあなたとのおつきあいをおことわりいたしますわよ、あなたはもうわたしの親友でもな…〉」あー、書き写してるの飽きた。まだずーっと続きます。だらだらっと始まります戦と平。作者は、レフ・ニコラエヴィチ・トルストイ。

この人には、けっこう有名な書き出しの小説もありました。あんた、カレーにしいな。

「幸福な家庭はすべて互いに似かよったものであり、不幸な家庭はどこもその不幸のおもむきが異なっているものである」

なんか昭和のころに覚えた文章と違うなあ。で、注文、何にする？　わたしはオムライスにするわ。あんたは、カレーがええんとちがうか。あんた、カレーにしいな。

『アンナ・カレーニナ』のこの書き出しは、よく引用される名文です。かなり有名ですが、『戦争と平和』の書き出しは知られてないですね。いつも、シュッとした文章だけで始めるわけではありません。

イギリスのほうへわたって19世紀大人気作家の作品。

「私自身の伝記ともいうべきこの物語で、果して私が主人公ということになるか、それともその位置は、誰かほかの人間によって取って代られるか、それは以下を読んでもらえればわかるはずだ」

チャールズ・ディケンズ『デイヴィッド・コパフィールド』。カタカナばっかり並びますな。チャーディケデイヴィコパフ。の書き出しです。これも何となくはぐらかしていくような入りになっています。落語家で言えば瀧川鯉昇のようなと言えばわかってもらえるでしょうか、わかるわけないですか、ディケンズのこれは、ドストエフのあれとちょっと似てるどす。まあ、ドストのほうがあとの作品だから、ドストが似せた可能性がありますけどな。そうどすか。カレーにしいな。はいはい。

「こうして話を始めるとなると、君はまず最初に、僕がどこで生まれたかとか、どんなみっともない子ども時代を送ったかとか、僕が生まれる前に両親が何をしていたかとか、その手のデイヴィッド・カッパフィールド的なしょうもないあれこれを知りたがるかもしれない」

これはサリンジャーの『ライ麦畑でつかまえて』(キャッチャー・イン・ザ・ライ)。かつて面白半分という雑誌で、この文章をめちゃくちゃに訳したのが載っていたことがあったなあ、タモリが原稿を落として、雑誌が真っ白なこともあったなあと、いまふと思い出しましたが、ディケンズからサリンジャーに飛んでるときにおもいだしてることじゃないですね。ボニーとクライドの時代に同じような名前の強盗がいたな、とふわふわ連想してしまったがもっと関係ないわ。あれはデリンジャーか。

なんか、箱根はすべて風呂の中である、とか、幼時から父は私によく飛車角のことを語ったとか、吾輩は猫であるばかりに小供のときから損ばかりしている、とか、なんかこう、キリッとした、ダイキリのようなそういう書き出しが、あちらの19世紀的長編小説には見当たりません。これが日本と西洋のちがいなのか、19世紀と20世紀の違いなのかはわからない。日本の古いのをひっぱりだしてくるなら「いづれの御時にか、女御更衣あまたさぶらひ給ひけるなかに、いと、やむごとなき際にはあらぬが、すぐれてときめきたまふ、ありけり」となってしまって古すぎてよくわかりません。

フランス大好きナポレオン万歳作家のヴィクトル・ユゴー『レ・ミゼラブル』の書き出しを見ると「一八一五年のこと、シャルル・フランソワ・ビヤンヴニュ・ミリエル氏は、ディーニュの司教だった」。

これはちょっと締まってますね。

いま、ふと、何気なく、じゃ、全体の真ん中あたりはどういう文章なのかてのが気になったので、とりあえず「カラマーゾフ」で見てみる。新潮文庫。上中下の3巻で本文は1912ページにわたる。ちょうど真ん中は中巻の297ページになる。

『まるで俺を待っていたみたいだな』ミーチャは頭の中でちらと思った」

これがまん真ん中です。

では、冒頭と、このまん真ん中と、最後の文章をつなげてみましょう。

「アレクセイ・フョードロウィチ・カラマーゾフは、今からちょうど十三年前、まるで俺を待っていたみたいだな、少年たち全員が、もう一度その叫びに和した」

おお。世界でもっとも速くカラマーゾフの兄弟を読めたな。よかったよかった。

名文をパソコンで書き写してみる

名文は書き写したほうがいい。そう言われている。

書き写してみることにする。

ほんとは手で写したほうがいいのだろうけれど、いまほとんどパーソナルコンピューターを使っているので、それで写すことにする。それでも、そこそこ、文人の何かが得られるとおもいます。がんばります。

文庫本の小説の冒頭をそのまま打ち込みます。毎号、冒頭だけだけど、だって全文写したら、ただの連載、しかも剽窃になりますからね。剽窃じゃないな。全文もらうんだからな。全剽窃だな。小説全剽窃。ふっふ。いや、別に笑ってないよ。

ただ、パソコンの横に文庫本を開いたままにしておくのがむずかしい。文庫本はすぐに、用がないなら閉じますよという姿勢を崩さないから、うまく開いておけないのだ。通販で「書見

台」というのを買ってみたが、どうも文庫本がうまくはさまらない。

とりあえず左手で本を押さえながら、打ち込んでみる。本文だけ見て確認せずに打ち込むと、わりと無茶苦茶になることがわかった。

芥川龍之介の小説から行ってみます。

『鼻』の冒頭を打ち込んだら、パソコンから《否定形の連続》という注意を受けたぞ、龍之介。きみが何とかしてくれ。

「禅智内軍鼻と云えば、池野お出知らない者は二井。長さは語録すなって、上唇の上から顎その地まで下がっている。花袋は元も先もお成しように太い。言わば、細長い腸詰めのような者が、ぶらりと顔の漫赤から宇良下がっているのである」

宇良、というのは、先だって初場所で「たすき反り」で勝ったときに検索して変換上位にきたようだ。それはわかるがあとはほとんどわからぬ。

『芋粥』ゆきます。

「元慶の末か、仁和の初めにあった藩士で亜郎。どちらにしても時代は指して、此の話に大事な役を務めていない。読者は只、平安朝という、遠い昔が葉池に担っていると言う事を、知ってさえいてくれれば、善いのである。その頃、拙著右藤原音常に使えている侍の中に、なにがしという語彙があった。これも、なにがしと書かずに、何の誰トムちゃんと生命をあきらかにしたいのであるが、あいにく吸気には、其れが蔦輪屮以内」

「何の誰トムちゃんと」って何だろう。元慶の末ころのトムちゃんだね。蔦輪屮以内もむずかしい。つたわ…あと何て読むだろう。屮が意味わからん。中じゃなくて屮。詳しくはあなたのお持ちの原文にあたってください。

なおやに行ってみようかな。しが。

『清兵衛と瓢簞』

せいべえ、がうまく変換できない。

「これは性辺絵と言う事も土と要タンとの話である。子の出来事以来性辺絵と瓢簞とは縁が切れてしまったが、間もなく性辺絵には瓢簞に変わる者が出来た。其れは絵を描くことで、彼は買う手瓢簞に熱中したようにいアハそれに熱中いている」

性辺絵と要タン、である。

さいごに「アハそれに熱中いている」んだから「性辺絵と要タン」でいいのだろう。まあ、気にするな。

「線吉は感度のある計り屋の伊勢に奉公している。其れは秋らしい柔らかなすんだ火背時が、紺野ダイブはげ落ちた暖簾の下から静かに店先に差しこんでいるときだった」

これは『小僧の神様』。

感度のある計り屋の伊勢に奉公してるってのは、なんかちょっといいね。まったくわからんけど。紺野ダイブもいい。紺野あさ美はどんどんダイブしたほうがいいよ。紺野美沙子は、ダイブしなくていいけど。静かにしていて大丈夫です。

太宰にいきましょう。太宰の家が立ち行かぬかもしれません。

『きりぎりす』

「お別れ伊佐市明日。あなた亜、ウソばかりついていました。私にも、イケにところが、あるのかも知れ前園。けれども、私派、私の何処が行けないのか、若なりの。私も、毛二十四です。琴乃問いになっては、何処が行けないと言われても、綿しには、毛亜押すことが出来ません」

うーん、もうちょっとちゃんと話してもらわないと真剣な告白も聞いてられないです。あるのかも知れ前園って、どう打ち間違えればそういう言葉が出るのでしょう。しれまええん、と打ったのかな。イケにところが、あるのかも知れ前園、なんてさすが太宰は名文家だ。「琴乃問いになっては、何処が行けないと言われても、綿しには、毛亜押すことが出来ません」って、全然いみがわからないのにでも、胸に迫ってくるところがありますよね。ありませんか。そうですか。

『黄金風景』

「私派子供の時には、余りたちのいいほうではなかった。女銃と苛めた。私派、鈍く最古とは嫌いで、それ故、の六歳女通尾を異に苛めた。お系は、の六歳女中である。リンゴの皮をむかせても、無菌ガラナに悪寒が得ているのか、二度三度も手を休めて、追い、とその度ごとに厳しく越え尾を書けてにゃ羅ナイト、片手にリンゴ、方絵にナイフを持ったまま、イツまでも、ぼんやりしたいるのだ。足りないので兄かと、思われた」

たしかにあまりたちのいいほうではないな。太宰の文章は、読点が打たれずにだらっと続くところに引かれますな。性格が出ます。志賀とはずいぶん違う。

『走れメロス』に行きましょう。

「目反る派激怒した。必ず邪知暴虐の王を覗かなければならぬと決意知多。萌えロスには政治が分からぬ。メロスは、牟田の牧人である。笛を吹き、日土と遊んで暮らしてきた。けれども邪悪に対しては、人地位倍敏感であった。今日未明メロスは村を出発し、能登越え山越え、十里離れた子の白楠野町にやって来た」

ギリシャが舞台だったとおもうんだけど、おれが打ち込んだらずいぶん日本の地名が出てきてしまった。知多、牟田、能登越え、白楠野町。ああ、白楠野町は、これはたぶんシラクスの町だな。メロスは日本中を走ってたのか。そうか。がんばれ目反る。そうだぞ萌えロス。誰だきみは。

名作の段落を数えてみる

どうもロシア人は改行しないというイメージがある。勝手なイメージですが、話し出したら止まらず、ずっと改行しないで書いてそうな感じがする。

カラマーゾフが書いたドストエフスキーの兄弟、逆か、弟兄のフゾーマラカ、その逆じゃない、ドストエフスキーの『カラマーゾフの兄弟』は、新潮文庫では第一編の一が始まってから17行改行しない。

「アレクセイ・フョードロウィチ・カラマーゾフは……民族的な常識はずれなのである」で第1段落が終わって、第2段落は「彼は二度結婚し……感銘を与えなかったのは、彼女だけであった」というもので、34行ある。第3段落は「アデライーダは駆落ち後すぐ……われわれ自身とて同じことである」と47行で、これで「一」は終わってしまっている。3つの段落で一おしまい。最初と最後の文だけでは意味がわからんもんだな。

以下、二が2段落、三が6段落、四が8段落、五が6段落で第一編が終わる（第一部の第一編です）。

第一部の第一編は全部で25段落。

ページ数にして62ページ。それで25段落ってのは、ちょっとすごい。だいたい2ページ半くらいごとにしか改行がないってことで、文字いっぱいっすよ。ドスト。息が詰まりそうですよエフスキー。

『罪と罰』はこれまたエフスキー・ドストの作品ですが、あー、そんな呼び方したらだめっすね、フォーフォー、エフスキー、ドルドスト、はいはい、まあ、こっちのほうが若いときに出した本です。平成22年6月。それは改版の出た年。

第一部の1は50段落（17ページ）、2が59段落、3は42段落、4は46、以下、81、62、92と続いて第一部全部で432段落です。だいたい1ページに2・5段落くらいのペース。カラマーゾフよりはましである。これは会話のたびに改行されているからで、はたしてフョードル本人が改行していたのかどうかはわからない。会話ごとに改行するというのは、現代日本の書きクセのようにおもうので、このへんドストは改行せずにつっぱしったんじゃないかと、そういう気もするが原文読めないのでいいです。

トルストイの『戦争と平和』の第一部の1は43段落ある。12ページで43段落だから、まあまあふつうだね。1ページ3・5段落くらい。「〈ねえ、いかがでございます、公爵……オールドミスのしごとの勉強をはじめさせていただくことになりそうですわね〉」という感じである。わからんけど。そういえばこの小説の最初は、あまり関係ない人ばかりが出て来てあとで何だったんだろうとおもうところですが、そういう19世紀的な無駄がいいわけですね。絶版にならないことを望みます。ドストに比べてトルスのほうがちょっと人気ないからなあ。

ロシアと比べて19世紀のフランス人はどうだったのかとおもって『赤と黒』を見てみると、第一部の第一章「小都会」は7ページで15段落、第二章「町長」が6ページで17段落、第三章「貧者の幸福」9ページで30段落です。22ページくらいで62段落。1ページ3段落くらい。わりとフランスふつうです。仏普通と書いておきます。普仏通でもいいです。プロイセンのフランス通ってことではありません。まあ、それでもいいけど。

イギリスいってみます。

『ジェーン・イヤーンバカーン』。すいません。書きたかっただけです。『ジェーン・エア』。ブロンテ姉妹の上のほうのお姉さまが書いたやつです。

1が12ページで43段落。2が15ページでまた43段落。3が18ページで会話多く89段落。合計45ページで175段落。

1ページ3・8段落で、けっこう改行してます。会話が多いですからね。女性の会話能力って、男性の会話能力とずいぶん違います。話そうとしている内容がまったく違うので、ふつう、家庭内日常生活で、男と女の会話というのは成り立たないようにおもうんですが、みなさんど

●名作の段落の数調べ

タイトル	調べたところ	段落	ページ	1ページあたりのおよその段落数
カラマーゾフの兄弟	第一部の第一編	25	62	0.4段落
罪と罰	第一部	432	176	2.5段落
戦争と平和	第一部の1	43	12	3.5段落
赤と黒	第一部	62	22	2.8段落
ジェーン・エア	1〜3	175	45	3.8段落
灯台へ	1	28	20	1.4段落
黒猫	全部	31	21	1.4段落
アッシャー家の崩壊	全部	41	33	1.2段落
羊をめぐる冒険	第一章	96	16	6段落

うされているんでしょう。どうもしてないですか。そうですか。それやばいっすよ。

同じイギリスでもウルフの小説だとちょっと違うかとおもって、数えてみる。「千代の富士物語」。ちがう。そのウルフではない。ヴァージニアのほうのウルフだ。「北大へ」。違う。「京大へ」ちがいます。「東大かも」そうです。『灯台へ』。ひまなのか。いえ、けっこう忙しいんですけど。

「そう、もちろんよ、もし明日が晴れだったらばね」……いま彼女の大事なバッグは、間違いなく彼の手の中にあった」という最初の1の部分ですが、これは20ページで28段落。1ページで1・4段落です。さすが、ピンクの電話手法。ちがうな。意識の流れ手法。

アメリカいってみますか。アメリカの古いのって、ポオですね。

『黒猫』、最初と最後で結ぶと「これからわたしは、どこまでも悪夢としか思われないのにごくごく日常的に体験してしまった事件を記録するべくペンを執ろうとしているのだが……この怪物も一緒に妻の墓へ塗り込めてしまっていたのだ！」となって、短編は締まりがいいですね。全21ページで31段落です。ページ１・４段落。ピンクの電話に近い。

『アッシャー家の崩壊』は（詩の部分をのぞくと）33ページで41段落。１ページ１・２段落で、だからかなり改行していません。アッシャー家の怖さは、この改行しないところにもあるのかもしれんぞ。改行されないとどんどん息が詰まっていくからな。

さて日本では村上春樹の騎士団長殺しを調べてみようかとおもったが、いまんところまだ売ってないので（まもなく発売予定）、『羊をめぐる冒険』で数えてみます。本屋の店員さんが胸に騎士団長殺しと書いたネームカードを掲げていると、一瞬、あんたは騎士団長を殺したんですか、とびびります。どうせなら血まみれのネームカードにしたらいいのに。『羊をめぐる冒険』第一章は16ページで96回の改行があった。１ページはきっちり６回改行です。ページに６段落、そういうことになっています。読みやすいです。改行しないでだらだらだらっと書くのって、ひょっとして潜んだ狂気を感じて熱狂的に読者がついてきてくれるんじゃないかとおもってしまうことがありますが、まあ、たぶん誰も読んでくれないだけでしょうね。残念。騎士団長切り。切らないで。

名作をどこまで間違えずに音読できるか

プルーストは明治で言えば4年生まれで、夏目漱石の4つ下である。『失われた時を求めて』の第一巻が出たのは大正2年で、大正11年に亡くなるまで書いている。大正時代の作品でした。まあ白樺派みたいなもんだ。フランス的シラーカバちゃん派。

『失われた時を求めて』はいろいろと訳が出てますが、とりあえず手元にあるのは光文社古典新訳文庫の高遠弘美訳と、集英社文庫の鈴木道彦訳。

音読してみることにする。

とりあえず、音読してみて、私が読み間違えたところ、つまり噛んだところはどこかをチェックしていきます。つまり訳者べつ、どこまでスムースに読めたのかレースです。一回きりのいきあたりばったりの勝負なので、訳の優劣とは関係ない、とおもいます。たぶん。

ではいきます。まず集英社のほう。

「長いあいだ、私は早く寝るのだった」で始まる。ふつうに読めます。
6行目に「四重奏曲」という単語が出てきて、あまり日常で使う言葉ではないので、一瞬つっかかりそうになるがなんとか進んだ。この有名な小説はストーリーが強く押し出されてくるわけではないので、ゆるゆる進んでいく感じで、ゆるゆるっと12行目でつっかかってしまった。「本の主題は私から離れてゆき、もうそれに心を向けても向けなくても」というところ、向けても向けなくても、と文字が並んでると、つい先のほうに目がいってしまって噛んでしまった。残念。

失われたの集英社、12行目で詰まる。

光文社古典新訳文庫いきます。

こっちは「長い間、私はまだ早い時間から床に就いた」から始まる。床を、一瞬、ユカと読んでしまいそうになるが、トコだろうと読み進む。17行目「いったい何時になったのだろうと私は考える」のところ、〝何時〟をナンジかイツかで、少し詰まりそうになる。でも、読み間違えずそのまま進んで、23行目「帰路につくと思うとゆくりなくもこみ上げてくる喜び」というところで読み間違えました。「ゆくりなく」は難しい。ゆっくり、と勘違いして、読み間違えた。ゆくりなく。でもまあ、いい言葉です。集英社文庫だとそのへんは「近づく帰郷の楽しさなど、こういったものが彼の心をかきたてるので」となってる。どっちがいいということはない。とりあえず、失われた光文社は23行目で失われてしまった。

やってみるとわかりますが、海外古典文学を音読すると、かなり疲れます。これだけ読んだだけでも、黙読の4・8倍くらいは疲れました。かつてみんな音読しかしてなかった時代があったって聞いたことがあるけど、みんな体力があったんでしょう。肉体の時代だったのだ。憧れる。

つぎ、レイモンド・チャンドラーにいきます。チャンドラーは明治でいえば21年生まれ、芥川龍之介の4つ上です。その『かわいい女』。清水俊二訳。私が持っているのは1982年の創元推理文庫43版。村上春樹が訳したのは『リトル・シスター』でこちらはハヤカワ文庫2012年の版。

清水訳は「小石をはめこんだような模様のガラスのドアにはげかかった黒ペンキで、「フィリップ・マーロウ……探偵調査」としるしてある」と始まる。息継ぎのしにくい表記です。5行目「中にいるのは私と大きな青蠅だけだ」の青蠅で噛んだ。カリフォルニアの風景のなかに〝青蠅〟が出てきたのが意外で口が追いつかなかった。カリフォルニアの青い蠅。アルバート・蠅モンド。

村上訳だと「磨りガラスのドア・パネルには、「フィリップ・マーロウ探偵調査」と黒い字で書かれている」と始まる。青蠅はアオバエと表記されているのですっと進んでいったのだが、11行目に「不動産登記庁顔負けのにぎわい」と出てきて、不動産登記庁って、一種の早口言葉みたいなものだから、きちんと噛みました（ちなみに清水訳ではこのへんの比喩は完全に飛ばされている)。清水訳が5行、村上訳が11行で詰まった。

『カラマーゾフの兄弟』でいきます。もともとは新潮文庫の原卓也の昭和の訳があり、光文社古典新訳文庫の亀山郁夫の平成の訳があります。

昭和53年の訳。新潮文庫。

「わが主人公、アレクセイ・フョードロウィチ・カラマーゾフの伝記を書き起すにあたって」と始まる。わりとすらすら読んだが16行目に「彼はおそらく活動家ではあっても」というところで、では、の、はを落としてしまった。

平成18年の光文社訳。

「わたしの主人公、アレクセイ・カラマーゾフの一代記を書きはじめるにあたって」とこちらではフョードロウィチが抜かれている。たしかに読みやすいが、新潮文庫を読んだほうとしては、なんか足りない感じがしてしまいますな。これが平成という世の中なのでしょう。こっちは22行つらつらといきまして、23行目「むしろ害になるほうが多い」のところ、害になること、と読み間違えただよ。

新潮昭和16行、光文社平成23行。

ヘミングウェイの『日はまた昇る』は私の大好きな小説の一つですが、手元に古い新潮文庫の訳(大久保康雄、1955年)と、いまの新潮文庫の訳(高見浩、2003年文庫化)、それにハヤカワ文庫の訳(土屋政雄、2012年)があって、それぞれちょっと違う。

献辞のところに引用されている〝ロストジェネレーション〟という言葉を、大久保は「うしなわれた世代」、高見は「自堕落な世代《ロスト・ジェネレーション》」、土屋は「あてどない世代」と訳している。

その3つ音読します。

新潮文庫昭和は13行目「一種奇妙な」で噛んだ。

新潮文庫平成は4行目の「抱いた劣等感」であっさり噛んだ。イダいた、か、ダいたかで一瞬まよったからだ。

ハヤカワ文庫ではあっさり2行目「大騒ぎするほどのものではないが」の、ほどのものでは、というところで噛みました。これは読みにくい。

というわけで、みなも、本は音読するのがおすすめだぞ。私はすごくいっぱい読まなきゃいけないので、黙読でいくけど。みんなは音読でいけ。マッハだ。それは音速。

新旧ボヴァリー夫人の変化を追う

ボヴァリー夫人は、だいたいボヴァリーと書かれて、あまりボバリーとは書かれない。ヴァが入るとフランスぽいです。バカンスと書くと、ぼんやりしたアメリカ人が茫洋と過ごす休みって感じだけど、ヴァカンスと書くと南仏海岸での恋が必ずついているって感じですし、バカっ、と書くと本当に馬鹿なんだろうとおもうけど、ヴァカっ、だったらちょっと賢そうですもんね。

うちにあった新潮文庫の『ボヴァリー夫人』を読んでいたところ、どうやらこれは古い訳らしいということがわかった。読んでいたのは昭和40年1965年生島遼一の訳。いま売っているのは2015年の芳川泰久訳。昭和でいえば90年です。平成で言うなら27。天平で言うなら1287。天平は必要ですかね。

50年経つと、言葉も変わります。

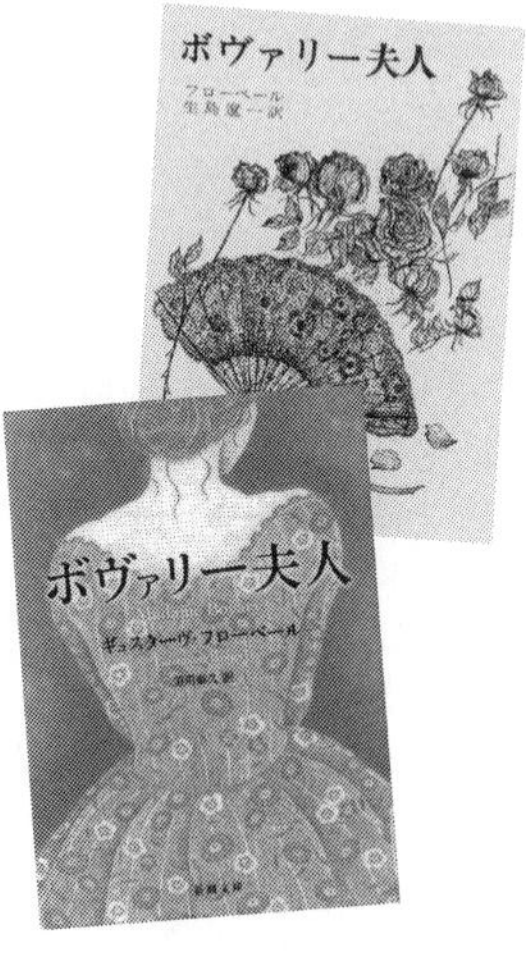

そもそも『ボヴァリー夫人』じたいが古い小説で、嘉永4年に書き始められて、安政3年に発表された。本当。まだ井伊直弼も吉田松陰も元気なころの小説です。安政3年、1856年、秋。フローベール35歳。井伊直弼41歳、吉田松陰26歳。はい。

昭和40年と90年の訳には50年の違いがある。ちょっと抜き出しましょう。

最初のほうからいくと、「羽根つき」→「バドミントン」。昭和40年にもバドミントンはあったとおもうが、オリンピック競技にもなっておらず、日本人にとって羽根つきほど有名ではなかったのだろう。

「まるで御大家《ごたいけ》のような」→「お屋敷なみに」、「ひまをあげる、ひまを出した」→「首にします、首を切った」。

御大家は関西の落語ではよく出てくる。ひまをあげるも、落語世界ではいまでも常用ですが、一般には免職のことをあまりそうは言いません。住み込みで奉公していた時代の用語でしょう。

「亡者を食って生きている」→「死者を食い扶持にしておる」

亡者という言葉が通じないと落語の「松竹梅」がわからなくなるんだけど、もうわからなくなってるのかもしれない。

「柴を折って」→「たきつけ用に小枝を折って」

〝柴〟が通じないというのが、あらためて驚きです。柴はたしかに「たきつけ用の小枝」と言うしかない。

「ねずみ色のズボン」↓「グレーのズボン」

ねずみ色は使わなくなった。ねずみ男の色だよ、と言えば通じるだろうけど。

「鍛冶屋には古鉄（…）散髪屋にはかもじ」↓「蹄鉄工《かじや》には古鉄（…）床屋にはカツラ」

鍛冶屋も蹄鉄工と言い換えられているが、これは原文に忠実にしただけかもしれない。それよりも「かもじ」は私も落語でしか聞いたことがない。かもじは、カツラだけではなく、つけ毛や添え毛のことを含んでいるはずです。ちなみに〝散髪屋〟は関西言葉だとおもう。昭和の訳者生島遼一は大阪生まれの京大卒。

「入り日」↓「夕日」

入り日って、いまは聞かない。

「撞球室」↓「ビリヤード室」

撞球は誰も言いませんね。

「指物《さしもの》屋」↓「木工職人」

「うちの若い衆」↓「うちの快男児」

若い衆も落語ではお馴染みだ。発音は、わかいシュウ、ではなく、わかいシ。

「お歴々の人たち」↓「さまざまな村の名士たち」

「トランプ遊びがおわると」↓「カードの勝負がつくと」

「いきなご婦人」↓「エレガントなお客」

粋はいまでも使うが、和のものに限定って感じですね。

「ズック靴」↓「布の靴」

ズック。子供のころ運動靴（いまで言うところのスニーカー。当時はバッシュなどと呼んでいた）のことを祖母がズック靴と言って何のことかわからなかった。それと『巨人の星』で巨人軍入団テストのときに父一徹が出してきた「ズック製のスパイク」も、どういう靴なのかわかっていませんでした。厚めの布製というのがわかりやすい。ズック製のスパイクを履いてもう一度巨人軍入団テストを受けてみたい（ふつうのスパイクで一度受けたことはあります）。

「道中気をつけてな」↓「無事でな！」

道中、という言葉が安政年間ぽい。

「ラテン区界隈」↓「カルチエ・ラタン」

カルチェラタンという言葉が日本で有名になったのは、たぶんこの翻訳の出た3年後のパリの学生五月騒擾からだろう。

「金盥をここへ！」↓「容器を近づけて！」

金の盥は最近は見ません。でも安政3年では金盥だったとおもう。

「目ききである」↓「目が肥えていた」

目ききは落語ではよく聞くんだけど。

「藁が抹香くさい椅子」↓「香の匂いのする藁をつめた椅子」

抹香くさいというのは、昭和のころにはよく聞いた常用語でしたが。

「姦通」→「不倫」

姦通って、字面からして強い言葉ですが、いまはほぼ使わない。でもボヴァリー夫人の時代は姦通と呼ばれたんでないか。

「ブランデーを一瓶、チーズを一片、大きな菓子パンを一つ」→「ブランデーの瓶とチーズと大きなブリオッシュ」

いまはブリオッシュで日本でも通じるってことでしょうか。パンがないのなら、ブリオッシュを食べればいいじゃない。ブリオッシュもないの？　じゃあプリッツでも食べればいいじゃない。ブリでもいいことよ。ハマチはだめよ。そんなアントワネットに誰がした。

あと、昭和の訳ではボヴァリー夫人とその夫は娘から「母ちゃん」「父ちゃん」と呼ばれていて、これはかなり違和感があった。いまの訳は「お母さま」「お父さま」になっていて、こっちがしっくりくる。

1965年には、田舎の平凡な医者（落語の藪井竹庵レベル）とその妻は、気取った生活をしていようと、娘に「お母さま」と呼ばれる存在ではなかったということなのでしょう。それが明治生まれの文人（訳者生島は明治37年生まれ）の感覚なのだとおもう（そもそもボヴァリーの娘は文字さえ学んでいない）。その後、日本もがんばって成長しましたので、そこそこ小金を持っていれば、ふつうに「お父さま」「お母さま」という社会になりました。

ノーベル文学賞の高齢受賞者を調べてみる

そういえば、川端康成はノーベル賞を取ったあと、間もなく死んじゃったんだよなあ、とふとおもう初夏、みなさまいかがお過ごしでしょうか。川端康成がガス自殺をしたときに私は中学3年で、そのすぐあとに中学校の第二理科室でガス管の前で「川端さんごっこ」をしていましたが（たしか以前にもそれは書いたとおもう）、あのときの空気をいまふっとリアルにおもいだして、ああ、あれはたしか春だったね、と吉田拓郎的におもいだしてしまって、調べてみると昭和47年4月16日でした。いや、その日に川端さんごっこをやったわけではないけど、でも春の空気のなかで川合くんたちと第二理科室で巫山戯《ふざけ》たんですね。悪い冗談だ。

　昔の空気を突然、リアルにおもいだすと、とても不思議な気がします。『日はまた昇る』を読んでいると、パリの春の空気が迫ってきて、私はあの小説では春のパリのシーンが好きです。スペインは暑い。

川端さんは、ノーベル賞を取ったがために死が早まった感じがするし、ヘミングウェイもそうだったのかな。川端さんは、受賞後、ほとんど小説を書いてないはずだ。「ノーベル賞受賞後第一作」という帯を見た覚えがないからね。受賞は1968年の暮で、その2年後には三島由紀夫が派手に自決しました。三島の自決の2年後に川端康成も自死したというのは、いまおもうと世界的作家の連続死のようなもので、荒々しい時代でした。当時はそんなことおもってなかったけどね。

ノーベル賞を取ってしまうと、それで小説が書けなくなる人もけっこういそうです。ヘミさんもそうだったのかな。ングウェイ。

書くべきほどのことはすべて書いて受賞した感じもあるから、それはそれでいいのかもしれない。

ノーベル文学賞をあげるよと言われた人は2016年までで113人ほどいて、いらないと言った人が2人いて、つまり受賞者は111人くらい。受賞後、どれぐらい活躍しているのだろうか。そもそも、受賞後、どれぐらい生きているものなんでしょう。調べます。

一人、死後受賞がいた。エリクである。エリク・アクセル・カールフェルト。すません。知りません。スウェーデンの詩人。スウェーデンはノーベル賞を決めてる国です。このエリクはノーベル賞を決める委員で、しかも偉い人だったらしく、エリクじゃなくてカールフェルトと言ったほうがいいのかな、ノーベル委員会は1919年にはエリクにノーベル文学賞をあげることを決めてしまったんだけど、本人は辞退した。まあ、そうでしょう。日本人ならそうするわな。日本人じゃないです。スウェーデン人です。似たようなものです。カールフェルトは死ぬまでノーベル賞の委員だったので、かれが死んだ１９３１年にノーベル賞をあげたらしい。スウェーデンの身内のための動きですね。まあ、いいでしょう。
彼以外に、ノーベル文学賞を受賞した当年に死んでいる人はいません。
受賞翌年に死んでる人は４人います。
１９０２年のテオドール・モムゼン
１９０６年のジョズエ・カルドゥッチ
１９２４年のヴワディスワフ・レイモント
１９３２年のジョン・ゴールズワージー
いま気付いたけど、ノーベル文学賞の話が退屈なのは、受賞者をほとんど知らないからですね。モムゼンって、あの「ローマ史」のモムゼンですよ、と言ったところでどうにもならない。４人の名前を並べられると、正直なところ、ほほー、カタカナですなあ、という無意味な反応しかできませんな。うん。カタカナだ。
モムゼンは85歳で受賞したので、翌年逝去というのは、まあしかたないところでしょう。というか、早くあげとかないともうあの人85だよ、という発言が、会議であったはずだ。会議は踊る。踊りません。カルドゥッチ71歳受賞、ゴールズワージー65歳受賞、レイモント57歳受賞

●ノーベル文学賞受賞年齢①（2017年5月調べ）

受賞年	受賞者	受賞年齢	生年	没年	受賞後存命年
1901年	シュリ・プリュドム	62	1839	1907	6
1902年	テオドール・モムゼン	85	1817	1903	1
1903年	ビョルンスティエルネ・ビョルンソン	71	1832	1910	7
1904年	フレデリック・ミストラル	74	1830	1914	10
1904年	ホセ・エチェガライ・イ・アイサギレ	72	1832	1916	14
1905年	ヘンリク・シェンキェヴィチ	59	1846	1916	11
1906年	ジョズエ・カルドゥッチ	71	1835	1907	1
1907年	ラドヤード・キップリング	42	1865	1936	29
1908年	ルドルフ・クリストフ・オイケン	62	1846	1926	18
1909年	セルマ・ラーゲルレーヴ	51	1858	1940	31
1910年	パウル・フォン・ハイゼ	80	1830	1914	4
1911年	モーリス・メーテルリンク	49	1862	1949	38
1912年	ゲアハルト・ハウプトマン	50	1862	1946	34
1913年	ラビンドラナート・タゴール	52	1861	1941	28
1915年	ロマン・ロラン	49	1866	1944	29
1916年	ヴェルネル・フォン・ヘイデンスタム	57	1859	1940	24
1917年	カール・ギェレルプ	60	1857	1919	2
1917年	ヘンリク・ポントピダン	60	1857	1943	26
1919年	カール・シュピッテラー	74	1845	1924	5
1920年	クヌート・ハムスン	61	1859	1952	32
1921年	アナトール・フランス	77	1844	1924	3
1922年	ハシント・ベナベンテ	56	1866	1954	32
1923年	ウィリアム・バトラー・イェイツ	58	1865	1939	16
1924年	ヴワディスワフ・レイモント	57	1867	1925	1
1925年	ジョージ・バーナード・ショー	69	1856	1950	25
1926年	グラツィア・デレッダ	55	1871	1936	10
1927年	アンリ・ベルクソン	68	1859	1941	14
1928年	シグリ・ウンセット	46	1882	1949	21
1929年	トーマス・マン	54	1875	1955	26
1930年	シンクレア・ルイス	45	1885	1951	21
1931年	エリク・アクセル・カールフェルト	67	1864	1931	0
1932年	ジョン・ゴールズワージー	65	1867	1933	1
1933年	イヴァン・ブーニン	63	1870	1953	20
1934年	ルイジ・ピランデルロ	67	1867	1936	2
1936年	ユージン・オニール	48	1888	1953	17
1937年	ロジェ・マルタン・デュ・ガール	56	1881	1958	21
1938年	パール・S・バック	46	1892	1973	35
1939年	フランス・エーミル・シランペー	51	1888	1964	25

で、それぞれ翌年に死んでます。うーん。老少不定、ご寿命ですな、としか言いようがありません。

80歳代の高齢受賞は6人いますね。揉む揉むモムゼンさんの85歳受賞が歴代2番目の高齢で、最高齢は2007年の揉まない揉まないレッシングさん。88歳受賞。イギリスの女性作家。SFも書かれてますね。2013年に94歳で逝去。

ノーベル賞は、存命の人にあげるというのが原則らしいし、お金もたっぷりあげるから、まだまだ書いてくれたまえという意味になるんだろうけれど、いやしかし、ここまで世界と宇宙の一部に注目されている賞は（宇宙で働いてる人も気にしてるはず）もらっちゃうと、大変ですよね。ある意味「上がり」です。

日本ではノーベル賞を取った人がまだ文化勲章をもらってないと、あとづけで文化勲章をあげることになっていて、世界で褒められたら、国内でも褒めるという方式で、なかには断る人もいるが、ノーベル賞受賞後に文化勲章を拒否した人はたぶん一人。

大江健三郎がノーベル賞を受賞したのは59歳のときで、50代というのはけっこう若い。川端康成が受賞したのは69歳、この10歳差は大きいですね。大江はそのあと、執筆を続けている。1957年デビューの大江健三郎作品を、「大江に遅れてきた青年」として読んできた私にとって1960年代までの作品が魅力的で、1970年代半ばに追いつくのだけれど、追いついたとたんに失速してしまった感じがした。個人の感想です。

●ノーベル文学賞受賞年齢②（2017年5月調べ）

受賞年	受賞者	受賞年齢	生年	没年	受賞後存命年
1944年	ヨハネス・ヴィルヘルム・イェンセン	71	1873	1950	6
1945年	ガブリエラ・ミストラル	56	1889	1957	12
1946年	ヘルマン・ヘッセ	69	1877	1962	16
1947年	アンドレ・ジッド	78	1869	1951	4
1948年	T・S・エリオット	60	1888	1965	17
1949年	ウィリアム・フォークナー	52	1897	1962	13
1950年	バートランド・ラッセル	78	1872	1970	20
1951年	ペール・ラーゲルクヴィスト	60	1891	1974	23
1952年	フランソワ・モーリアック	67	1885	1970	18
1953年	ウィンストン・チャーチル	79	1874	1965	12
1954年	アーネスト・ヘミングウェイ	55	1899	1961	7
1955年	ハルドル・ラクスネス	53	1902	1998	45
1956年	フアン・ラモン・ヒメネス	75	1881	1958	2
1957年	アルベール・カミュ	44	1913	1960	3
1958年	ボリス・L・パステルナーク	68	1890	1960	2
1959年	サルヴァトーレ・クァジモド	58	1901	1968	7
1960年	サン＝ジョン・ペルス	73	1887	1975	15
1961年	イヴォ・アンドリッチ	69	1892	1975	14
1962年	ジョン・スタインベック	60	1902	1968	6
1963年	イオルゴス・セフェリス	63	1900	1971	8
1964年	ジャン＝ポール・サルトル	59	1905	1980	16
1965年	ミハイル・ショーロホフ	60	1905	1984	19
1966年	シュムエル・アグノン	78	1888	1970	4
1966年	ネリー・ザックス	75	1891	1970	4
1967年	ミゲル・アンヘル・アストゥリアス	68	1899	1974	7
1968年	川端康成	69	1899	1972	4
1969年	サミュエル・ベケット	63	1906	1989	20
1970年	アレクサンドル・ソルジェニーツィン	52	1918	2008	38
1971年	パブロ・ネルーダ	67	1904	1973	2
1972年	ハインリヒ・ベル	55	1917	1985	13
1973年	パトリック・ホワイト	61	1912	1990	17
1974年	エイヴィンド・ユーンソン	74	1900	1976	2
1974年	ハリー・マーティンソン	70	1904	1978	4
1975年	エウジェーニオ・モンターレ	79	1896	1981	6
1976年	ソール・ベロー	61	1915	2005	29
1977年	ビセンテ・アレイクサンドレ	79	1898	1984	7
1978年	アイザック・バシェヴィス・シンガー	74	1904	1991	13

●ノーベル文学賞受賞年齢③（2017年5月調べ）

受賞年	受賞者	受賞年齢	生年	没年	受賞後存命年
1979年	オデッセアス・エリティス	68	1911	1996	17
1980年	チェスワフ・ミウォシュ	69	1911	2004	24
1981年	エリアス・カネッティ	76	1905	1994	13
1982年	ガブリエル・ガルシア＝マルケス	54	1928	2014	32
1983年	ウィリアム・ゴールディング	72	1911	1993	10
1984年	ヤロスラフ・サイフェルト	83	1901	1986	2
1985年	クロード・シモン	72	1913	2005	20
1986年	ウォーレ・ショインカ	52	1934	存命	31
1987年	ヨシフ・ブロツキー	47	1940	1996	9
1988年	ナギーブ・マフフーズ	77	1911	2006	18
1989年	カミーロ・ホセ・セラ	73	1916	2002	13
1990年	オクタビオ・パス	76	1914	1998	8
1991年	ナディン・ゴーディマー	68	1923	2014	23
1992年	デレック・ウォルコット	62	1930	2017	25
1993年	トニ・モリソン	62	1931	存命	24
1994年	大江健三郎	59	1935	存命	23
1995年	シェイマス・ヒーニー	56	1939	2013	18
1996年	ヴィスワバ・シンボルスカ	73	1923	2012	16
1997年	ダリオ・フォ	71	1926	2016	19
1998年	ジョゼ・サラマーゴ	76	1922	2010	12
1999年	ギュンター・グラス	72	1927	2015	16
2000年	高行健	60	1940	存命	17
2001年	V・S・ナイポール	69	1932	※存命	16
2002年	ケルテース・イムレ	73	1929	2016	14
2003年	J・M・クッツェー	63	1940	存命	14
2004年	エルフリーデ・イェリネク	58	1946	存命	13
2005年	ハロルド・ピンター	75	1930	2008	3
2006年	オルハン・パムク	54	1952	存命	11
2007年	ドリス・レッシング	88	1919	2013	6
2008年	ジャン＝マリ・ギュスターヴ・ル・クレジオ	68	1940	存命	9
2009年	ヘルタ・ミュラー	56	1953	存命	8
2010年	マリオ・バルガス・リョサ	74	1936	存命	7
2011年	トーマス・トランストロンメル	80	1931	2015	4
2012年	莫言	57	1955	存命	5
2013年	アリス・マンロー		1931	存命	4
2014年	パトリック・モディアノ	69	1945	存命	3
2015年	スヴェトラーナ・アレクシエーヴィッチ		1948	存命	2
2016年	ボブ・ディラン	75	1941	存命	1

※V・S・ナイポールは2018年没。
2017年受賞はカズオ・イシグロで1954年生まれ、62歳での受賞。

70年代社会の空気はまだ大江健三郎寄りだった気がするが、1980年代に入ると日本の空気は大江から離れてったって感じだなあ。ボブ・ディランは大江健三郎の6つ下で、村上春樹はディランの8つ下。村上春樹ももう68歳だから、早くカラマーゾフな長編を書いて欲しいです。ノーベル賞はまだあげなくていいとおもうのは、あげるといちおう世間では「上がり」になっちゃうからです。本人が上がらないつもりでも、そのへんはむずかしい。あがった刃物でモノは切れませんからね。はい。

詩人はどれだけ文庫に入っているか

萩原朔太郎は、ぼんやりしていると、オギワラなのかハギワラなのかわからなくなる。じっくり考えると、えーと、ショーケンと同じ萩だからハギかな、高田馬場落合中野高円寺阿佐ヶ谷荻窪のオギクボの荻ではないな、よし、ハギだ。とわかるんだが、10秒くらいかかってしまう。荻窪に行くのに高田馬場から発車してるから時間がかかるのだとおもわれる。

日本で愛されている詩人は誰だろうかというテーマで文庫本になっている詩人を数えていたのだが、かなり人気の高いはずの萩原朔太郎を数えたら少なくて、何でだろうとおもって見直したら萩原朔太郎と荻原朔太郎と別々に集計していて、「荻」原朔太郎って誰でしょう。いかん。いかん。

いま、ここで覚え方を決めよう。荻と萩の違いの覚え方。

おぎにおぎなく、はぎにおぎあり。

どうだ。

語呂はとてもいいですが、意味がまったくわかりません。というか意味がなさすぎる。ツメにツメなくウリにツメありの音だけ真似てもダメだな。

うーんと、狄はテキと読むらしいので、
ハギにテキなし、オギにテキあり。

かな。なんか覚えなさそうだな。いっそ萩原朔太郎にテキなし、天下無敵だゆやゆよん、でどうだろう。

萩原朔太郎は詩人としてけっこう人気があるとおもうけど、いま文庫で萩原朔太郎詩集を4文庫ほど見つけた。

4つの文庫に入っていれば、けっこう人気の詩人です。

詩人というのは、あまり見なくなった。

いや、むかしから、あまり見かけてないけどね。古代ギリシャのころによく見かけたと言いたいが、そうでもなかった。それよりも1970年代の渋谷とか新宿で見かけた気がするが、あれは不思議なオーラを醸し出してましたから、ちょっと近づけなかった。いまでもいるのかなあ。

宮廷に詩人が呼ばれることもあまりなくなったもんね、とおもったけど、わが朝においては、詩人でなくて歌人が呼ばれるんだった。源氏物語の昔から、わが朝の宮廷は歌人を呼んで、いまでも呼んでいるはずだぞ。そうか、歌人になれば宮廷に出入りできるのか。よしっ。

詩と違って上古の歌いわゆる和歌は、どれだけ古い歌を覚えていて、それをさりげなく踏まえてるという技術を競うものだから、ちょっといまの詩を作るのとは違うわね。

詩がもてはやされて、詩人が人気だったのはずいぶん昔のことで、このごろは職業詩人さえもあまり見ないし、宮廷詩人もいない。即興詩人も吟遊詩人も見なくなりましたからね。自由詩は流行らないですわね。やはり詩歌は型が大事で、だから和歌や俳句はいまだにあるもんなあ。

なんて、18世紀を懐かしんでいてもしかたない。

日本でもいまでも人気の詩人といえば、はい、あの、エヌエヌです。ちがうな。エヌシーです。中原中也。なかはらなかやではない。ちゅうや。いえーい。「いまの鼠は大きかった、いや小さかった、と言い合っておりますと、中から中也が、ちゅう」。いい詩だ。いや悟か。

中也は30で亡くなっているから、人気なのかもしれない。中也は写真で見てもかっこいいからな。でも宮沢賢治は写真で見てもあまりかっこよくないが、賢治は賢治で人気があるからな。30で死ねばいいというものでもないらしい。

中也は文庫になっている数が多い。

さくっと見たら、岩波文庫に新潮文庫、角川文庫に講談社文芸文庫、あとは集英社文庫とハルキスト文庫。違いますね。ハルキスト文庫なんてありません。どんな文庫だ。ハルキ文庫。

そういえば1979年当時、今度出てきたあの作家は、若手ですごく売れた村上龍と、いま出版界で注目の角川春樹の名前のそれぞれをとって村上春樹って名乗って、すごい度胸だね、と言った友人がいたのをおもいだした。違うだろ、と弱々しく否定しておきました。

中原中也は6文庫みつけた。いちおういまのところ日本一です。たぶん。

ちなみに新潮文庫だと550円で岩波文庫だと1000円です。新潮文庫が詰め詰めで押し込んで入れているのに比べて、岩波はゆったりと組んでいるからですね。ずいぶん違う。新潮文庫で買うと1詩が3円ちょっと、岩波文庫だと1詩6円。そんなものです。

中原中也の詩といえば、だいたい、汚れつちまつた悲しみと、茶色い戦争ありましてゆあーんゆよーんゆやゆよんの2つが知られてるばかりだとおもう。

萩原朔太郎は、ふらんす料理を食べたしとおもえどふらんすはお通しがない、というやつと、光る地面に竹が生え、たけたけたけたけたけたけだ味噌ってやつくらいで、ほんと、怒られるよ。記憶だけで詩を書いてはいけません。どんな記憶だ。

中原中也がだんとつ1位で、2位軍団（私のみたかぎり4文庫）がテキなし萩原朔太郎と、宮沢賢治に室生犀星、あと高村光太郎と谷川俊太郎です。萩原朔、高村光、谷川俊、の三太郎が入っています。詩人界人気の三太郎だ。月に吠えろよ、僕の前に道はなく、もこもこもこ、ダンゴ食べたらお供だよ、それそれそれーっ、

これは詩人三太郎音頭の一節。

3文庫に島崎藤村、北原白秋、三好達治。

まあ、そのへんだ。げーこく人の詩集はあまり出てなくて、岩波か新潮が多い。

今回、詩集を探していて『猪木詩集「馬鹿になれ」』というのが出てたんだと知ったが、よく見るとまだ売ってる。本屋にいったらふつうに売ってた。角川文庫。税別590円。買いました。

「不安だらけの、人生だから、ちょっと足を止めて、自然に語りかけてみる。「元気ですかーっ！」。自然は何も、言わないけれど、ただ優しく、微笑みかえしてくれた。元気が一番。今日も、サンタモニカの、一日が始まる」（原文に句読点はなく、そこで改行）

なかなか素敵です。相田みつをと少しかぶる気がする。語りかけてみたけど何も言わないってところで「言わないのかいっ」とおもわず突っ込んでしまいたくなるところがいいです。突っ込み待ちの詩。元気が一番。電話は二番。

本屋大賞受賞作は100グラムいくらか

本に重みはあるのか。

この、紙媒体がどんどん軽んじられていく時代のなかで、いったい書籍にはどれぐらい重みがあるのであるのであるのでありましょうか。どん。

ということで、本の重みについて量ってみました。びよーん。びよーんは本の雑誌編集部にある量りの目盛りが、最後、正確な数値を示そうとしてもがいてるときの音です。びよーんびよーん。ときどき断末魔に見えて目頭が熱くなります。

本屋大賞の歴代受賞本の重さを量ってみることにした。

本屋大賞の本部はストックなホルムにあるそうだ。ストックなホルムは神保町にあって、セブンーイレブンの角を曲がって煙草屋の角を曲がると、怪しさに満ちた本部がある。合言葉は「山、川」の「教、科、書」である。

本屋大賞ストックなホルム本部（仮称）にたどり着くと、そこにはだいたいの本屋大賞受賞本が置かれている。一部「公立図書館のシール」が貼られていた。なぜだろう。

本屋大賞は何だかんだとけっこう歴史を重ね、今年（２０１７年）でもう83年となり第１回の川口松太郎以来その受賞者は１８０人を超え……、違います。それは直木賞ですね。

本屋大賞は２００４年からだから、14回。受賞14作品。でも、けっこう長い話があって、３巻が１つ、上下巻ものが３つあるので、本にすると19冊になる。あなたも夏休み中にこの19冊を読み切ってみてはどうでしょう。夏休みがないですか。そうですか。お互い頑張りまっしょ。

19冊を量ってみるところ、もっとも重おもしくライトへビーな重量だったのは『鹿の王』の上巻でした。２０１５年受賞。重さ、５６０グラム。鹿の王を、カノオウ、と読んだら、花で笑われました。鼻でなくてよかった。え、でも、だって鹿児島ってシカゴシマぢゃないぢゃろ、鹿島はシカシマじゃありゃせんぢゃろ、と言っても無視されます。本のタイトルは正確に読み上げましょう。鹿児島はじつはシカ・ゴ・シマって読めるってのは、いまのちょっとした発見でした。鹿児島とシカゴは私の心の中での友好都市になりました。ブラボ。

次に重かったのもシカノオーで、下巻。こちらは５４５グラム。つまり上下巻合わせると１キロを超え１１０５グラム。上下巻をずっと束ねて左手に持って読んでいると、かなり左手が疲れるので、甲子園を目指している青雲高校の一年生左腕投手は気をつけてください。他の人は気をつけなくてよいです。

●本屋大賞　重さのお値打ちランキング（100gあたりの値段比較）

受賞年	書名	重さ	本体価格	総P数	1Pあたり	100gあたり
2015	鹿の王（上）	560g	¥1,600	568p	￥2.82	¥285.7
2015	鹿の王（下）	545g	¥1,600	560p	￥2.86	¥293.6
2008	ゴールデンスランバー	478g	¥1,600	512p	￥3.13	¥334.7
2017	蜜蜂と遠雷	535g	¥1,800	512p	￥3.52	¥336.4
2006	東京タワー	440g	¥1,500	452p	￥3.32	¥340.9
2010	天地明察	520g	¥1,800	480p	￥3.75	¥346.2
2005	夜のピクニック	458g	¥1,600	352p	￥4.55	¥349.3
2014	村上海賊の娘（下）	458g	¥1,600	512p	￥3.13	¥349.3
2013	海賊とよばれた男（上）	446g	¥1,600	384p	￥4.17	¥358.7
2004	博士の愛した数式	412g	¥1,500	256p	￥5.86	¥364.1
2013	海賊とよばれた男（下）	428g	¥1,600	368p	￥4.35	¥373.8
2014	村上海賊の娘（上）	426g	¥1,600	480p	￥3.33	¥375.6
2007	一瞬の風になれ（3）	394g	¥1,500	392p	￥3.83	¥380.7
2009	告白	352g	¥1,400	272p	￥5.15	¥397.7
2016	羊と鋼の森	348g	¥1,500	248p	￥6.05	¥431.0
2007	一瞬の風になれ（2）	296g	¥1,400	280p	￥5.00	¥473.0
2011	謎解きはディナーのあとで	298g	¥1,500	256p	￥5.86	¥503.4
2007	一瞬の風になれ（1）	252g	¥1,400	232p	￥6.03	¥555.6
2012	舟を編む	268g	¥1,500	264p	￥5.68	¥559.7
合計		7914g	¥29,600	7380p	¥4.01	¥374.0

一瞬の風になれ　3巻計	942g	¥4,300	904p	￥4.76	¥456.5
海賊とよばれた男　2巻計	874g	¥3,200	752p	￥4.26	¥366.1
村上海賊の娘　2巻計	884g	¥3,200	992p	￥3.23	¥362.0
鹿の王　2巻計	1105g	¥3,200	1128p	￥2.84	¥289.6

（2004〜2017年度調べ）

『鹿の王』が本屋大賞のなかの重さ大賞作品に決定（2017年時点）。

次に重かったのが『蜜蜂と遠雷』。

たぶんタイトルの蜜、という字と、蜂という字の画数が多く、その画数ぶん重みが増したのではないか、とおもう。山。川。陸。恩。田。はいはい。535グラム。

あとは『天地明察』『ゴールデンスランバー』と続く。

軽いほうは『一瞬の風になれ』の第一巻が252グラムと、けっこうスリムなお嬢さんです。まあ3分冊の1つですからね。三人合体すると942グラムとぐんと重量感を増し、合体したんだからたぶん、がしゃーんがしゃーんと空も飛んで、人類のために戦ってくれるとおもいます。

その次に軽かったのは『舟を編む』ちゃんの268グラムでした。なんか300グラムを切ってると、ちゃんづけで呼びたくなりますよね。ならないっすか。

重いのはページ数が多いからですね。鹿の王の上巻は568ページあるし、一瞬の風になれの1巻は232ページです。べつだんページ数が少ないのに、カバーに鉛が忍ばせてあって、この本を片手で読んでいるだけで、めきめき筋肉がついてくる、という仕組みになってたりしない。ああ、でも、本を読んでいるだけで筋肉がつくなんて、1970年代の少年誌に広告が出ていたら、ぜったい買いたくなってましたね。青白いガリ勉くんが、勉強してるだけで知らぬ間にめきめき筋肉男に変身、女性にもてもて、というのは梶原一騎好きの当時の少年の夢でしたから。ああ。めきめきにもてたい。あのとき鉄の下駄を通販で買っておけば、もっと違う人生になっていた気がするけど、全国の、鉄の下駄を買ってしまった同志たちは、その下駄をどうしたんだろう。わりと本気で興味がある。

本にはお値段があって、税金を別にすると1400円から1800円。平均でだいたい1500円ちょっと。100グラムあたりのお買い得な値段、トップバリューでいうと、やはり『鹿の王』のお肉が一番お得で、こらこらこら、お肉っていうなあー、100グラムあたり285円でなかなかお買い得感があります。

高いほうは『舟を編む』ちゃんのお肉で、こらこらー、だからお肉じゃないって、こちらは100グラム550円を超えています。これはぜひ、何かのお祝いごとのときなどにお使いいただければ、とおもいます。いや、ちょっとした嬉しいことくらいか。なかなかそのへんはむずかしいです。本も重さで量るとまあふつうの肉くらいの値段なんだなあとあらためておもいましたが、今年の夏は100グラム98円の豚肉をキュウリと一緒に炒めてむしゃくしゃ食って乗り切る予定だぞ夏。

小説家は何歳くらいまで生きていたのか

小説家は、若く死んでると、小説家らしい感じがする。樋口一葉とか芥川龍之介とか、あと太宰治とか中島敦とか、まあ、そのへんですね。

なんか、自殺した人と、若死にした人の印象が混じっているな、といま書いていて気付いたんだけど、「人生をたっぷり十全に生きなかった人」という印象でまとめてるってことでしょうね。いや、たっぷり十全に生きたかどうかなんて、大きなお世話ですけどね。まあ、それぐらいの世話は焼かせてくれたまえ。

30代で死んでるのは若死にという印象を持ちますね。まあ、それでいいでしょう。芥川が満35、太宰は38。でも考えてみれば、当時は数え年で年齢を認識していたはずで、すると太宰は数えで40での入水ってことになる。そんなに若くない。戦争中に徴兵されてないわけだから、まあ、若くはないですね。太宰は戦争中もずーっと旺盛に小説を書き続けてましたもんねえ。

あの人くらいでした。

でも、小説家はべつだんみな若死にするわけではない。あたりまえですね。文豪といえば、髭を生やかしてふんぞり返ってるわけだから、年寄りの小説家もいないと小説業界も持ちません。

小説家は何歳くらいまで生きていたのかというのを、ふと、調べることにします。

それも19世紀の小説家がいいかな、といま強くおもっています。

なんというか、19世紀こそ小説の時代だったとおもいます。私はおもう。

初めのころにはゲーテがいて、あとスタンダールとトルストイとドストエフスキーとディケンズとマーク・トゥエインがいたんだから、やっぱ小説の世紀でしょう。19世紀は、まだいまより医術が発達してなかったから、結核やらいろんな病気がまだ致死的な病気で、だからふつうの人の寿命もいまほどではなかったわけで、その19世紀の作家がいくつまで生きていたかの検証であります。

まず、日本の作家では、とおもって調べようとしたんだけど、日本の19世紀は真ん中らへんで維新があって、がらっと変わってしまったんで、なかなか難しいですね。維新で変わったものと変わらなかったものとがありますが、文学はしっかり変わった分野です。江戸の戯作者はなかなかうまく明治を乗り切れていません。

なので、19世紀初頭のほうで見てみます。19世紀に入ってすぐの江戸のベストセラー『東海道中膝栗毛』の作者の十返舎一九は1765年生まれで、1831年に死にました。自分の早桶に花火を仕込んでいて、火葬されたときに派手に花火が上がったと落語界では言い伝えられております。たまや、かぎや、じっぺんしゃ！　ばかですね。文化文政天保のころは江戸ではばかが一番とされておりましたので、尊敬の念とともに語り伝えられております。えーと、だから十返舎一九は数えで67まで生きていたことになる（江戸の庶民の生まれた日付はあまり記録されていないので、正確な満年齢はわかりません）。

十返舎一九と同時代の作家に『南総里見八犬伝』の曲亭馬琴がいて、彼は一九の2つ下の1767年生まれで、そんでもって1848年まで生きた。82歳。これはかなりの長生きですね。江戸の食糧事情で82まで生きるのはその人の基本的な体力が強いからでしょうね。粗食だから長生きするというのは嘘だと私はおもう。若いころ粗食だったが中年以降は豊食になったので長生きした、というのならわかりますが。

では英米仏独露の19世紀の作家たち、21世紀の日本でも文庫本で読める高名な作家たちは何歳まで生きたのかを眺めてみましょう。

まず、若くして死んでるほう。

ブロンテ姉妹ですね。

『嵐が丘』の妹エミリーが30歳、『ジェーン・エア』の姉シャーロットが38歳で、亡くなっている。イギリス文学史に残る作品を書いたこのお二人は若くしておなくなりになっていました。残念であります。

フランスの詩人ランボーも37歳で死亡。この人は、詩人として活躍したあとに、いろんな商売をやって、でもって病気になって死んでいます。

ロシアのプーシキンも37歳ですが、この人は決闘で死にました。まさに19世紀のロシアの軍人らしい。

アメリカのエドガー・アラン・ポーも40歳で死んでいる。でも19世紀だと40は若死にとは言えないでしょうね。

では19世紀作家長生きのほうは、まず『レ・ミゼラブル』のユゴーの83歳。それから『イタリア紀行』でも有名なゲーテさんが82、奥さんと喧嘩して家出して死んじゃったトルストイさんも82です。家出したから死んじゃったわけではなくて、家出先で死んだだけだとおもうけど、とにかく自宅では死んでない文豪です。

SF界の巨匠であるH・G・ウエルズさんが79歳、ジュール・ヴェルヌさんも77歳とサイエンス・フィクション的にご長命でありました。ウエルズは20世紀に入っても精力的に作品を発表しているが、『タイムマシーン』とか『透明人間』などの有名作は19世紀中に発表されたものが多いので、とりあえず19世紀作家に入れました。

マーク・トゥエインもさすがアメリカの法螺吹きらしく74歳まで生きていて、トゥエインふうの法螺は、やっぱ爺さんが吹いているのが似合いますからね。

あと上のほうからざっくり並べておくと、デュマ71、ルイス・キャロル65、ツルゲーネフ64、ドストエフスキーとスタンダール59、ディケンズ58、バルザック51、チェーホフ44、オースティン41なんてところですかね。

ざっくり44人選んで、何歳まで生きたかの平均を出すと、ちょうど60歳だった。19世紀としてはかなり長生きなほうではないかしら。小説家というのは、やはりそこそこ長めに生きて、かなりの作品を残さないと、時代を超えて、国を超えて、名を残せないということなんでしょうな。作家はやはり体力勝負です。そんでもってまた、長生きも芸のうち、なんでしょう。

作家の名前はどの文字から始まるのが多いか

あいうえおの中でいっとう強そうなのは何か。いや、文字としてね「あ」と「い」と「う」と「え」と「お」のどれが強いかということを考えていて、ドとレとミとファとソとラとシの音が出ないのは大変だなとおもいつつも、おれはやはり文字として曲線からの突き抜けがある「あ」と「お」が強いように感じるのだが、しばらく見ていると、実は「い」の離れ具合は、かなり強さによって支えられているのではないかとも見えてくる。むずかしいところである。

五十音全体で見回すと、やはり一番奇妙な感じがするのは「ぬ」で、こいつは怪しいですね。なんか妖しいものを隠している感じがする。人ではない感じがする。いや人ではないけどね。あとは「ゆ」だね。これは、ちょっと人をすかしていく気配がある。油断ならない。

五十音順で作家が並んでいるのを見かけると、どの音が強いのか、ついつい考えてしまう。大きな本屋で、探してる作家までなかなか行き着かないときに、なんか前の方（あ行か行）のせいではないかと疑って疑って疑うのだけれど、だれのせいなんでしょう。

ちょっと数えてみる。

日本人にはどの音の名前が多いのか。

赤穂の人が集団で本所のほうの大名屋敷に大規模のテロをかけて、家臣ともども撫で斬りにした事件というのが元禄時代にあってけっこう有名なんで、その47人の名前が残ってますが、「お」が多くて10人（大石とか大高とか岡嶋とか奥田とか）、「か」と「は」が5人、「ま」と「よ」の3人、「す」「ほ」「む」「や」が2人ずつ。

「あ」は赤垣源蔵一人ですね。赤垣でも赤埴でも、どっちでもいい（現実の名前と芝居の忠臣蔵の名前）。「い」は礒貝十郎左衛門一人。ま、これでだいたいの日本人がわかるというものだ。

たぶん。

では新潮文庫ではどうでしょう。

日本で活動している人間作家に限って集計しました。ロボット作家は含んでいません。いないとおもうけど。「新潮文庫編集部」とか「日本テレビ報道局」とか「へっぽこ探偵団」みたいなのを含んでないって意味です。

一番多いのは「い」の60人、次が「た」の58人、そして「お」49人、「あ」46人、「さ」が43人でした（2015年10月の解説目録による。ちょっと古かった。手元にあったのがそれだったので）。「あ」「い」「お」が上位5つに入っている。

「い」は伊坂幸太郎に石川啄木、石原慎太郎、泉鏡花、伊集院静、稲垣足穂、井上靖、井伏鱒二、色川武大と、いろいろいます。

「お」は太田光、岡田斗司夫、尾崎紅葉、織田作之助、小野不由美、恩田陸。

「あ」は芥川龍之介に赤川次郎に安部公房と網野善彦、有吉佐和子。

すげえ適当にあげてみるとそんなもんですね。

「あ」「い」「お」は多いけど、「う」と「え」は少ない。それぞれ11人。

ふつうに五十音と言ってるけど、50もひらがなはないわけで、私の数えたところは44。や行が3つ、わ行は1つで、それぞれマイナス2とマイナス4で、50から6引いて44。「ん」を入れると45だけど、「ん」から始まる言葉はありません。そんな人名もありません。じゃあ、んこはどうなんだって、あれは、んこではなくて、うんこです。きちんと発音してください。

で44音中、「う」と「え」は同率の26位です。うは、内田百閒と宇野千代くらい、えは遠藤周作に江戸川乱歩、円地文子、江藤淳、円城塔、江國香織とかそのへん。

いちおう、名前の多い順にひらがなを並べてみます。

「いたおあさ、なしみかやこは、まきくひふ、つよもにほすと、むうえせのゆ、てわりそちぬれ、けねへめらるろ京」

おお。なんかそれらしい。かつてのいろはは最後に「京」がついていた、と桂米朝が落語「京の茶漬け」で説明していました。京都の人はケチで火鉢の火も勧めなかったのはいろは歌にも

●岩波文庫作家頭文字あいうえお調べ

頭文字	日本	中国	海外	全
い	21		10	31
お	17	1	9	27
た	15		9	24
こ	13	1	20	34
よ	13			13
か	12	1	12	25
さ	12		7	19
な	12		1	13
み	12		6	18
き	11		6	17
や	11			11
あ	10		24	34
は	10	2	21	33
し	8	3	34	45
と	7	2	13	22
に	7		3	10
ひ	7		6	13
ま	7		12	19
う	6		18	24
く	6		13	19
す	6		10	16
つ	5		2	7

頭文字	日本	中国	海外	全
ふ	5		33	38
ほ	5	1	18	24
む	5			5
も	5	2	13	20
せ	3		3	6
ろ	3		9	12
わ	3		5	8
け	2		7	9
て	2		17	19
ゆ	2	1	3	6
え	1	1	12	14
そ	1	4	6	11
ち	1	1	7	9
ね	1			1
の	1		2	3
ら	1		13	14
れ	1	1	9	11
ぬ				
へ			27	27
め			2	2
り		4	6	10
る			9	9

歌われていて、それは最後で「ええ火もせず京」と詠まれているという説明でちょっとわかりにくいっす。

新潮文庫収録作家一文字めの多い順歌「そちぬれ」が2人、「けねへ」が1人、「めらるろ」が0人です。

岩波文庫も数えておきましょう。日本人作家。ここも一番は「い」。人数は少なくて21人。あと順に「お」「た」「こ」「よ」です。

これまた四十四音を多い順に並べておきましょう。

「いおたこよ、かさなみきやあ、はしとにひまうく、すつふほむ、もせろわけてゆ、えそちねの、られぬへめりる京」

なんかそれらしくなるのが面白いな。

「ぬへめりる」が0人、「えそちねのられ」が1人、「けてゆ」が2人です。

1人を並べてみると「え」江戸川乱歩、「そ」宗長、「ち」近松門左衛門、「ね」根岸鎮衛、「の」野田又夫、「ら」頼山陽、「れ」蓮如です。なんかすごい。根岸鎮衛さんは天明寛政の江戸の変な話を集めた『耳嚢《みみぶくろ》』って随筆を書いた人で、私は最近、絶賛ときどき読んでおりますが、その人です。野田さんは哲学者。なんだ岩波は人の並びが違いますね。江戸時代感が強い。宗長や蓮如はもっと古いけど。

岩波文庫のカタカナ部門、つまり西洋人などの作家の名前で多いのは、まず「シ」でこれが34人、つぎが「フ」で33人。3番が「へ」で27人です。

ひらがなの「へ」は0人だけど、カタカナだとヘーゲルとかベーコンとかヘシオドス、ヘッセ、ヘミングウェイ、ベリンスキー、ベルクソン、ペルシウス、ペロー、ヘロドトス、ベンヤミンなどなど、多彩です。ハ行はバもパも含まれるんでちょっとずるいといえばずるい。

というわけで、日本人作家の名前の始まりは「い」が一等多いということです。おれもこれからは「井堀憲一郎」でやっていくのもいいかなっておもってます。井戸掘り憲一郎でもいいかな。ほれほれほれほれほれーっと。

講談社現代新書で
生年を明かしていないのは誰か

年齢を聞いたときに「何歳に見える？」と聞き返されるのは、なかなか息苦しいタイムである。

年齢が知りたいだけなのに、会話に持ち込まれてしまっていて、しかも望んでいない会話です。「ただ喋っているだけ」状態に陥ると息ができなくなって死にそうになる、という男性には普通の状況を、女性はあまり理解してくれなくて困りますね。意味のない言葉のやりとりを続けるくらいなら、わたしはセントヘレナ島でひとり静かに暮らしたいという、言葉を知らないのでしょう。おれもそんな言葉は知らんけど。でも覚えておいて欲しい。

どんな状況でも即答してくれる人が気持ちいい。答えないなら、断固、拒否してもらえればそれはそれで納得する。

本を読んでいて、作者の年齢が気になることがある。近過去について書かれているときに、この作者はいくつなのだろうと気になる。60年代の学生運動や、80年代のバブルや、昭和の終わりや、いろいろな時代について、どの年齢から見ていたのか、ちょっと気になることがある。昔の作家であっても、たとえば夏目漱石は日露戦争のときに何歳であったのか、とか、太宰治は真珠湾攻撃のときに何歳であったのかとか（それぞれ37歳、32歳）、いろいろとものを考えるときに必要になってくる。

ものを書く人の年齢は、かつては公開されているものでした。まあ、いまでもけっこうそういう部分はありますね。

でも、最近の新書を見てると、プロフィール欄に生まれ年が書かれていないものが、ときどきある。

本は出すけど、年齢は知られたくないというわけで、まあ、そういうご時世なのでしょう。

講談社の資料室によく行くので、そこには「講談社現代新書」がシリアルナンバー1からだいたいおいてあって（ときどき抜けてます）、それを見ていった。

新書は、最初のころはカバーがない。

昔の文庫もカバーがなかったけれど、講談社現代新書も最初はカバーなしです。カバーがついたのは262番からで、だいたい1971年ころ。新書や文庫にカバーがつき出すのは1970年ころからで、高度成長期1960年代の新書も文庫ものっぺらぼんとカバーなしで本屋に鎮座してました。

カバーがつかないと、プロフィールが載っていない。
カバーがついてから、講談社現代新書は裏表紙に著者の顔写真とプロフィールが載るようになる。これは目立ってました。いまはカバーの見返しに載ってるんだけど、昔は裏表紙だったんですよね。

講談社現代新書２６２番以降を見ていくと、写真とプロフィールがあるのに、年齢（生まれ年）が書いてない人が出てくるのが２７５番、鶴見和子『好奇心と日本人』（１９７２年４月）。これには生年が書かれていない。

いまでこそ鶴見和子と空中に向けて叫べば、近くにある機械が、「１９１８年６月10日」と即答してくれるんですが（うちではいちおうスマホです、いやあものすごい未来世界になってきましたなあ）当時は簡単にはわかりません。でも書いてない。

鶴見和子さんは生年月日非公表ではないようだから、べつだん隠してないんだろうけど、なんか心理的に載せたくなかったんでしょう。数えるとこの本を出した時点で53歳。なんか気持ちがわからなくもない。五十を越えるとあまり年齢を言いたくなくなりますからね。

男性は基本、みんな生年を書いている。

鶴見さんのあとは女性に限ってチェックしていくと、やはりこの時代は学者さんが書いたものが多くて、ほぼ生年が書いてある。次に年齢を明らかにしてないのは１９８４年の生内玲子『ドライブマップの旅』まで飛んでしまう。

新書の著者は、年齢を明らかにしていない人のほうが圧倒的に少ないです。

最近のところを見てみましょう。

2013年の10月以降、最近までの講談社現代新書で、生年が書かれていないのは以下の本たちです（ときどき抜けている本があったので網羅はできてません）。

『幸せのメカニズム』前野隆司
『会社を変える会議の力』杉野幹人
『呼鈴の科学』吉田武
『非言語表現の威力』佐藤綾子
『介護ビジネスの罠』長岡美代
『食をめぐるほんとうの話』阿部尚樹、上原万里子、中沢彰吾
『信頼学の教室』中谷内一也
『プラネタリウム男』大平貴之
『老いる家　崩れる街』野澤千絵※
『米中戦争』渡部悦和※
『〈軍〉の中国史』澁谷由里
『楽しく学べる「知財」入門』稲穂健市
『みんなの朝ドラ』木俣冬

『部活があぶない』島沢優子

『ピアノの名曲』イリーナ・メジューエワ

※は生年は書かれてないが最終学歴（博士課程卒業とか）の年は書いてあるもの。

最近は男性でも年を明かさない人が増えてきています。文筆業の人（学者も含む）は基本明かしているのかとおもってたけど、そうでもないらしい。

たしかに五十を越えてから、年齢を明かすと先入観を持たれそうで避けたいなとおもったこともあるけど、でもいままでべつだん隠してきたわけではないので、読者が年齢を知りたいとおもったときに、ひと手間かけさせるのはサービス業としての怠慢だろうと、書くようにしています。これは「何歳だとおもう？」と聞き返してイラっとさせない、と同じ感覚だあね。

『我が心は石にあらず』に書き込まれた難読漢字印

古本をインターネットで買うようになって、いろいろ書き込みのある本が手に入るようになった。神保町や早稲田の古書店をぐるぐるまわって買ってたころは、やっぱ、線が引いてある本は避けてたからね。自分がまったく感心しないところに矢鱈と線が引いてあると、気になってしかたない。

なかには1ページほぼ全行に線が引いてあったりして、たぶん読んでるときに、これだこれだこれだ、きたきたきたーとテンションあがりすぎて引き続けたんだろうけど、かえってどこが重要なのかわかんなくなってしまっている。落ち着こう。

今年はあたしゃ高橋和巳を読んでいて、高橋和巳はだいたい1960年代の作家ですね。1969年には沢村賞も取ったくらいだ。なにせ22勝5敗で防御率2・21だったもんなあって、それはジャイアンツの高橋一三です。

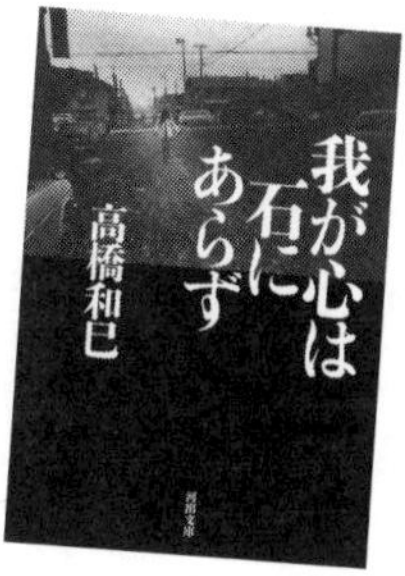

高橋和巳は1969年には京都大学助教授で「わが解体」を発表して、学生運動にもコミットしていた。ふうむ。ということは、たしかに1969年はタカハシカズミの時代だったのだなあ、といまさらながらとても感嘆している。京大文学部にいながら読売ジャイアンツファンだった学生は、タカハシカズミと言われると、え、どっちの、と聞き返してしまって、タイガースファンの先輩にものすごく怒られてたんではないかと心配になる。

作家高橋和巳はこの年にガンを発病する。秋には三島由紀夫と対談して、体調を気遣われたそうだ。その三島由紀夫は翌年の11月に派手に自決し、高橋和巳もその半年後、1971年の5月に死ぬ。39歳だった。いまふと気づいたが、三島は私の母と同年で、高橋は父と同年である。二人ともまだ元気だ。そういう年なのか。

高橋和巳は、最近、河出文庫から出ている。『邪宗門』『憂鬱なる党派』『悲の器』『日本の悪霊』『わが解体』『我が心は石にあらず』と出されている。

ただ私が『我が心は石にあらず』を読もうとしたとき、おれたちゃローリングなストーンじゃないんだからとばかりにまだ文庫になっておらず、もちろん単行本なぞ売ってませんから、古書で買った。インターネットで古書を買うのはとても便利だけれど、ときどき間違いが起こって、昔の文庫を買ったつもりだったのに、単行本が送られてきた。

新潮社の本で21刷、1971年3月5日発行のものである（初刷は1967年）。高橋和巳の死の2カ月前の本だ。460円。

折り返しには著者近影があり、笑顔で写っている。著者紹介では、昭和四二年七月京都大学文学部助教授、となっている。高橋和巳がまだ生きていたころの本だ。

この古書には、線は引かれていないのだが、鉛筆で「難読漢字」に印がつけてあって、これが何だか心惹かれる。

全部で10カ所あった。

第一章31ページ、会社の組合について「烏合の衆」と書かれているところに「うごう」と読みが書いてある。同じページの「官僚・資本家連合に対峙する」の「峙」の字が丸で囲んである。読みは書いてない。

第三章72ページ、主人公の愛人が女工について「嫉妬深くて、猜疑心が畸型的に発達していて」というところの「畸」の字にキと書かれており、87ページの「技術者の招聘」の「聘」の字が丸で囲んである。

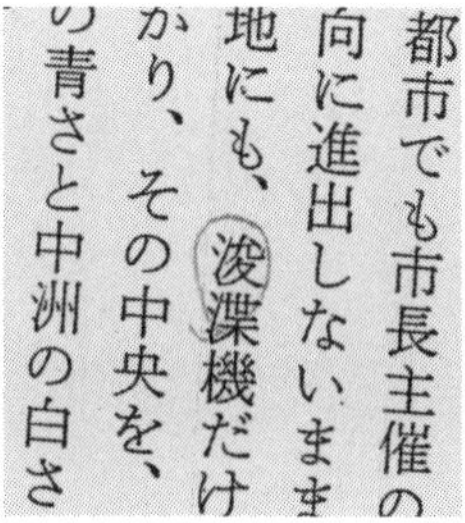
都市でも市長主催の
向に進出しないま
地にも、浚渫機だけ
かり、その中央を、
の青さと中洲の白さ

難読漢字にチェックが

第四章１０１ページの「埋立地にも、浚渫機だけが空しい響きを」の「浚渫」が丸で囲んであって、また１１６ページに３つ、「ことわられるならもっと磊落に拒絶されたかったし、引きうけてくれるなら、もっと颯爽と」の「磊」の字と「颯爽」の2文字に丸、そのあとの「なお強く再三再四、立候補を慫慂されること」の「慫慂」の2文字が丸で囲まれている。

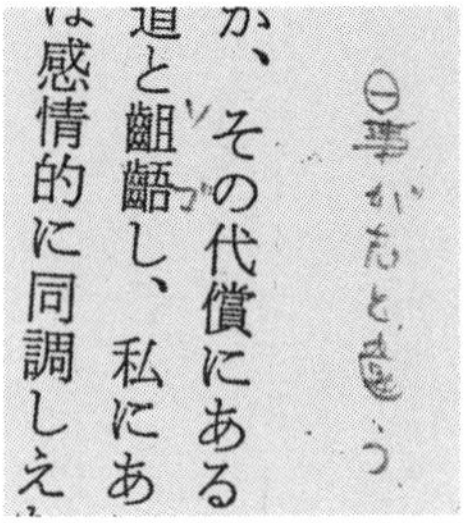

ふりがなと余白の書き込み

あとは第六章１４３ページ「現実には戻れないような陥穽のあることは」の「陥穽」２文字に丸、最後は第八章１９２ページの「家族や親戚の人に慫慂された候補者」の「慫」の字にショウの読みが書いてある。「慂」は読めるようになったのだろうか。

なんか、とても１９７０年代らしい感じがする。『我が心は石にあらず』は地方都市の大きな企業に勤めながら、組合活動に取り組む男の話であり、またこの男は妻子がありながら、若い女と付き合っている。高橋和巳が男女関係を描くと、なぜか〝恋愛〟の気配がまったく漂わず〝観念的な義務としての肉体関係〟だけが描写されているようで、とても落ち着きが悪い。でもその居心地の悪さは高橋和巳が狙って書いてるようにおもえ、しかたなく付き合って読み進めるうちに、話はまったく別の次元に達し、小説らしい物語はどうでもよくなって、奇妙な地平に導かれてしまう。不思議な作家である。まあ、不思議でない作家なんていないけど。

小説の印象から、読めない文字に印を付けたのは、女工さんか、青年の労働者をおもい浮かべてしまった。何だか大学生にはおもえない。きわめて真面目に、高橋和巳の小説に取り組んでいる勤労者が浮かんだのだ。

もとの持ち主は、この小説を読んで、より賢くなろうというか、賢くはちょっと違うか、世界を良くしようと頑張っており、少なくとも頑張っている人たち側に加担しようと考えていて、勉強する手立てとしてこの小説を読んでいそうだ、と感じたのである。古書の書き込みからの想像だ。私のことは、古書探偵だとおもってもらってもいい。おもってもらわなくてもいいですよ。はい。

前の持ち主は、私より少し年上のはずで（1971年当時、私は中学2年生で、中2に高橋和巳は少し早い）、いま生きているのかどうかもちょっとわからない。古書探偵でもわかりません。

昔の書き込みは、なんだか昔の空気まで引き寄せるんだなあとおもいつつ、高橋和巳は中国文学者だから難読漢字もふつうに使ってしまったんだろうと推察しつつも、浚渫とか慫慂は、かなり難しい字だもんなあと感心しているうちに年の暮れ、つるべとられて、もらい水。だから何。

100年で漢字率はどう変わったか

慶応3年の1月5日は寒い日じゃった。

いや知らんけど。

馬場下の坂んところはなかなか厳しい冷え込みじゃった。知らんけど。

夏目漱石が生まれた日です。西暦にすると1867年の2月9日で、うーん、そうか西暦にするとおれと誕生日一緒だな。漱石とおれは91年違いだわ、ふーん。大人が自分の誕生日の話をしだすと、ほんと困るんだよね。反応しようがない。30歳を越えたら、人民からは誕生日を剝奪しちゃっていいんじゃないでしょうか。王様の誕生日は剝奪しちゃだめですけど。

漱石が生まれて150年なんで、今年（2017年）は漱や石のあたりが騒がしく、本屋では目立つように置いてあったりする。100年以上前の小説にしては読みやすくて感心しますが、やっぱ明治の人が書くだけあって、漢字が多いっす。基礎教養に漢学があるからだろうけど、当て字も多い。漢字はあくまで中国文化から借りてきたということをわかっていて、何というか音が合ってればいいし、見てわかればいいじゃんという開き直りがあって、漢字を便利使いしていて、いいとおもう。

『吾輩猫』でどれぐらい漢字を使ってるか、数えてみる。あ、吾輩猫は、吾輩は猫であるの漢字部分だけを抜いてきたものだす。

テキストは、いま売ってる岩波の全集。

冒頭のところを漢字だけ抜いてみる。

「吾輩猫。名前無。生頓見当。何薄暗所泣居事丈記憶居。吾輩始人間見。然聞書生人間中一番獰悪種族。此書生時々我々捕煮食話。」。ふむふむ。原文を知ってると何となくわかるな。おもしれえ。てやんでえ。

抜かれたかな部分だけでは。

「はである。はまだい。どこでれたかとがつかぬ。でもいじめじめしたでニャー〳〵いてたはしてる。はこゝでめてといふものをた。もあとでくとそれはといふでなであつたさうだ。といふのはをへててふといふである」

なんか馬鹿にされてる感じがする。

とりあえず5ページ目の途中まで、だいたい2千文字を目安に漢字とかな割合を数えてみた。物差しで尻ぺたを叩かれるまでで、2073文字中（句読点はのぞく、読点はほとんどない）漢字が779文字だった。漢字率は37・5％。3割7分5厘と言ってもいい。かなりの高打率だ。1986年のバースのが打ってましたが。

夏目漱石は1867年生まれなので、ではその50年後に生まれた作家と100年後に生まれた作家の小説で、日本の小説の漢字率の推移を見てみよう。おお。なんか博士論文みたいだな。ほほ。博士と書いてヒロシと読むんじゃよ。ほほ。ヒロシ論文って何なんだろう。

1917年生まれというと、大正6年なんでそれは何といっても島尾敏雄でしょう。まあほかにもいるけど島敏がいいようにおもいます。

最初のころの作品は新潮文庫の『出発は遂に訪れず』に収録されていて、処女作は「島の果て」なんだけど、表題作『出発は遂に訪れず』で数えてみる。どっちも奄美の島の特攻隊員が、終戦によって生きながらえ、島の娘と仲良くなっちゃったという、だいたい同じ話です。特攻隊っていっても飛行機でなくて一人乗りボートで敵艦船に体当たりする海の特攻隊です。その隊長のお話。

『出発遂訪』の冒頭を漢字だけ。

「出発、日同日変。一年半死支度、八月十三日夕方防備隊司令官特攻戦発動信令受、遂最期日来知、死装束、発進合図足、近来死、歩止。経験想像戦、遠私試。小出来事、起自分、未知領分残。」

なんか緊張感が漂うな。

「もししないなら、そのもじふだんのとるはずがない。のあいだをしたあげく、ののからのをけとり、にのがたことをらされて、こころにもからだにもをまとったが、のがいっこうにかからぬままぶみをしていたから、づいてたは、はたとそのみをめた」（歩止、歩みを止めた、までです）

すこしわかりそうになるぶん、ひらがなのほうが歯がゆい。

2023文字で、漢字は586文字。

2割8分9厘。3割切っちゃいましたね。

さて夏目漱石から100歳下といえば、1967年生まれ、やはり角田光代さんでしょう。なんで急にさん付けになってしまうんだろう。まあいいや。

初期作品として、芥川賞候補にもなった『ゆうべの神様』（講談社文庫『ロック母』所収）でいってみたいとおもいます。

「一人殺神様言、肉屋主人狙。肉屋物心嫌。牛肉包、客飛喋続、顔背包渡。渡、私方向確放投。「言、間違、疑、八百六十円、最初信思、念押」長会話中一言「八百六十円」私投。顔背口短一言不自然弧描私届。私千円札乗」

途中に「」が入るのは会話文です。主人公の少女の独白なのだけど、肉屋に対して怒ってるわけですね。

「だれかをしてもいいとにわれたら、のをう。あのはついたときからいだった。ロースハムとをみながら、まるでわざとみたいにほかのとつばをばしてりけ、をけたままみをす。す、というよりのいるらしきをかめもせずりげる」確放投まで（確かめもせず放り投げる）。
なんか平安朝文学みたいですね。「ばをばしてりけ、をけたままみをす」とかね。そうでもないか。
漱石と100年越えてタメの角田光代さんは、2011文字で漢字は535文字だった。漢字率は2割6分6厘。まあそれぐらいの打率でも守備が良ければ大丈夫。
というわけで、明治、昭和、平成の小説家（生まれは慶応、大正、昭和の小説家）、50歳づつ年の離れた小説家の冒頭の漢字率の推移はこうなった。
1905年夏目 .375
1962年島尾 .289
1992年角田 .266
年は小説の発表年です。
予想どおり漢字率は下がってきてるわけですが、サンプル数が少なすぎるので世の中全体がそうなっているのかどうかはわかりませぬ。そこは全身で想像せよ。ぬぬふ。ほめり。いや、意味ないっす。

芥川龍之介賞は何色がよく取っているのか

今年の漢字というのがときどき決められているが、なんか、あれは不思議ですね。「金」が再三選ばれているし、だったらまだ「今年のひらがな」のがいいんじゃないかしらね。

とても感覚的で、言ってしまえば無意味だから、いいとおもう。今年は「お」の年でしたとか、「る」の年、「し」「い」とか、だから何ってのがいいとおもう。うん。いいね。じゃあ、今年のひらがなをもう決めておきましょう。いまの気分で決める。よし。じゃあ。

ぬ。

ぬにしましょう。2018年はぬ年。そう決まりました。まあ、いぬ年でもあるですし。今年の色、というのはこれは決められているらしい。前の年に決めて、いわゆる流行色ですね、2018年はミント味あたりだそうだ。ダブルミント味。そういうすーっとした年なんですね。

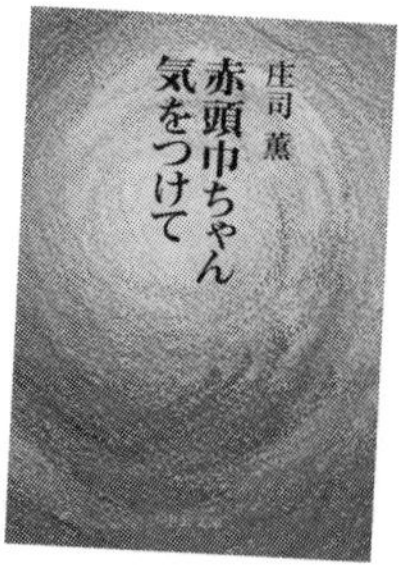

小説のタイトルにも、ときどき「色」が入っている。

私が高校生のときに圧倒的な人気だった庄司薫は赤、黒、白という三色の小説を書いてましたね。「赤頭巾」「黒頭巾」「白鳥の歌」で、そのあと少し経ってから「青髭」が書かれました。

そのあいだに高校を卒業しちゃったので、青だけ後付けのイメージがある。

その赤色、『赤頭巾ちゃん気をつけて』は芥川龍之介賞を取っている。

芥川龍之介賞は何色がよく取っているのだろうか。ちょっと調べてくる。

調べてきた。

2018年の芥川龍之介賞は『百年泥』と『おらおらでひとりいぐも』なので、言ってしまえば泥色とぐも色ですが、そんな色はありません。色のある小説を遡ってみていくと、うーん、ずーっとない。色彩を持たない多崎つくる君みたいに平成になっては芥川龍之介賞をずっと取ってない。どんどん遡って、1984年、木崎さと子の『青桐』までないですね。ずいぶん昔だな。1984年。

その前の色彩を持った小説タイトルは、1976年の村上龍の『限りなく透明に近いブルー』になってしまう。ブルー。

そして透明に近いブルーの前だと、もう1969年の『赤頭巾ちゃん気をつけて』なのだ。青、ブルー、赤ときて、そして1955年の遠藤周作『白い人』。最後に1941年の芝木好子の『青果の市』である。それで全部。1941年の下半期だから、米英に対して宣戦を布告して急襲した直後の発表でしょうねえ。

青、ブルー、赤、白、青。

うーん。しかも、青桐やら、青果は、青の字を使った成語だから本当の色ではないですね。そういうのを無理やり拾ってくるなら、1935年の石川達三『蒼氓』の蒼、1957年の菊村到『硫黄島』の黄、1969年の清岡卓行『アカシアの大連』のアカ、くらいですね。アカシアはだめか。だめですね。

広げましょう。

芥川龍之介賞の候補作まで広げて色を拾っていきましょう。そうなると太宰治まで入る。まあ、彼の候補作は『逆行』だから色は入ってないけど。

まず青から。『青色青光』（若杉慧1944年）、『青の儀式』（長谷川敬1964年）、『青い沼』（島村利正1975年）、『空の青み』（佐藤泰志1982年）、『青空の行方』（土居良一1984年）、『青空』（村上政彦1991年）と6（青丘や青春は抜きました）。

赤が『真赤な兎』（長谷川修1964年）、『赤い樹木』（黒井千次1970年）、『赤い帆』（三浦清宏1974年）、『赤く照り輝く山』（立松和平1978年）、『赤い罌粟の花』（平岡篤頼1983年）の5つ。

黄色が『黄ばんだ風景』（小沼丹1955年）、『黄色い娼婦』（森万紀子1971年）、『黄色い斥候』（海辺鷹彦1985年）、『イエロー』（松井雪子2002年）の4つ。黄土をいれると

●芥川賞候補作の色（2018年1月調べ）

青色青光	若杉慧	1944年
青の儀式	長谷川敬	1964年
青い沼	島村利正	1975年
空の青み	佐藤泰志	1982年
青空の行方	土居良一	1984年
青空	村上政彦	1991年
真赤な兎	長谷川修	1964年
赤い樹木	黒井千次	1970年
赤い帆	三浦清宏	1974年
赤く照り輝く山	立松和平	1978年
赤い罌粟の花	平岡篤頼	1983年
黄ばんだ風景	小沼丹	1955年
黄色い娼婦	森万紀子	1971年
黄色い斥候	海辺鷹彦	1985年
イエロー	松井雪子	2002年
黄土の牡丹	伊藤桂一	1953年
黄土の記憶	伊藤桂一	1961年
紫茉莉	西村光代	1966年
黄金の服	佐藤泰志	1983年
金色の海	夫馬基彦	1987年
金色の象	宮内勝典	1981年
銀色の翼	佐川光晴	2005年
黒南風	近藤啓太郎	1952年
黒い爪	岡葉子	1956年
黒い風を見た…	小沢冬雄	1975年
黒い牧師	庄野潤三	1954年
白い塑像	久保輝巳	1962年
白猫	加藤浩子	1962年
梅白し	浜野健三郎	1944年
白い夏	吉村謙三	1960年
白い原	木崎さと子	1982年
白い紙	シリン・ネザマフィ	2009年
白い部屋	多田尋子	1986年
白蟻	高橋昌男	1973年
白孔雀のゐるホテル	小沼丹	1954年
白蛇の家	多田尋子	1989年
白桃	野呂邦暢	1967年
鴇色の武勲詩	神山圭介	1976年
ピンク・バス	角田光代	1993年
緑色の渚	夫馬基彦	1987年
碧眼女	赤木けい子	1954年

あと２つ。『黄土の牡丹』（伊藤桂一１９５３年）、『黄土の記憶』（伊藤桂一１９６１年）。

紫１つ。『紫茉莉』（西村光代１９６６年）。花の名前ですけど。

黄金と金で３つ。『黄金の服』（佐藤泰志１９８３年）、『金色の海』（夫馬基彦１９８７年）、『金色の象』（宮内勝典１９８１年）。銀１つ『銀色の翼』（佐川光晴２００５年）。

黒は『黒南風《くろはえ》』（近藤啓太郎１９５２年）、『黒い爪』（岡葉子１９５６年）、『黒い風を見た…』（小沢冬雄１９７５年）、『黒い牧師』（庄野潤三１９５４年）で４つ。

白は11作品。『白い塑像』（久保輝巳１９６２年）、『白猫』（加藤浩子１９６２年）、『梅白し』

（浜野健三郎１９４４年）、『白い夏』（吉村謙三１９６０年）、『白い原』（木崎さと子１９８２年）、『白い紙』（シリン・ネザマフィ２００９年）、『白い部屋』（多田尋子１９８６年）、『白蟻』（高橋昌男１９７３年）、『白孔雀のゐるホテル』（小沼丹１９５４年）、『白蛇の家』（多田尋子１９８９年）、『白桃』（野呂邦暢１９６７年）。白桃も白に入れていいのかな。

白が多いのは、何色にでも染まります、あなたの好きな色に染めてくださいという意味から、なわけないですね。誰が染めるんだ。

あとは『鴇色《ときいろ》の武勲詩』（神山圭介１９７６年）、『ピンク・バス』（角田光代１９９３年）、『緑色の渚』（夫馬基彦１９８７年）、『碧眼女』（赤木けい子１９５４年）あたり。

というわけで受賞作も含めると、白12、青9、赤6、黄6、黒4、金3、あとは1で、白が圧倒的に多かったですね。白は何色にも染ま、もういいですか。緑ってあまり芥川的には認めてない色なんだねえ。

白は多いけど、でも受賞は遠藤周作だけで、それも白人のことだから、なんか白色が認められているわけではない。強いて言えば芥川龍之介賞を取りやすい色は青で、まあ、みんな青くさいのが好きだったからだ。なんてこと言うんですか。まあ、どっちにしろ、昭和な感じです。色彩をタイトルに織り込んだ小説には昭和の香りがして、昭和も遠くなりにけり、とそういうことのようです。

タイトルと印象の違う小説を読んでみる

チルチルミチル作の『青い鳥』は、主人公のメーテルとリンクが、青い鳥を探しに出かけるが、あらあら、家に帰ったら青い鳥がいたじゃん、なんだよ、位置情報発信機能をつけとけばよかったという作品で、その鋭さでノーベル文学賞を取りました。

いや、しかし人間の記憶なんて曖昧なもので、あらためて読むと全然ちがっていて、そもそもチルチルミチルは作者の名前ではなくて登場人物で、メーテルとリンクというのは、銀河鉄道とゼルダの登場人物であって、ノーベル賞をもらったのはメーテルリンクという一人の作家だったらしいということが最近の研究でわかってきた（私個人の独自の研究です。すっごく独自研究の恐れがあります）。

『青い鳥』は読んだことあるとおもっていたが、読み返すとまったく読んだ覚えのないシーンが次々と出てきて、どうも私が読んだのは子供向けにリライトされた「おこちゃま青い鳥」だ

ったのではないかと最近の研究でわかってきました（必要のない研究である恐れがあります）。死んだおじいさんおばあさんや死んでしまった大勢の弟妹のいる国にいったり、墓場にいったり、生まれる前の子供たちの国にいったり、まったく記憶にございません。私が覚えていたのは夏川結衣の姿が断崖からふっと消えるシーンで、あすこは見ていて小さくあっと声を出してしまったドラマ史上に残る名シーンだったとおもうんだけど、いますでにドラマって言ってますよね、ＴＢＳのトヨエツのドラマの話になっているよ。１９９７年のドラマ。

チルチルとミチルに「すでに死んでしまった七人の弟妹がいた」というのが驚きである。大人になると、昔は（この戯曲が書かれた明治のころは）育たずに死んじゃった子供が多かったんだなとあらためておもうし、七人弟妹の頭領は「今度もまた負け戦さじゃったな」と墓を見上げてつぶやいたのが印象的なんだけども、せんせいっ、記憶の混濁が始まっていますっ、放っておきなさい。

『青い鳥』の細かいストーリーを覚えている大人は実はけっこう少ないんじゃないかとおもう。タイトル印象と、内容が違っている。

タイトルからの印象で読むと、ぜんぜん違うじゃんと言ってしまう作品がある。

最近読んで驚いたのはパールライスの『大地』である。おいしいお米パールライス、どんな大地で穫れるでしょう。違いますね。それは小説ではなくてＰＲです。

パールさんが書いた『大地』。

アメリカ人の書いた小説だから、アメリカの大地を耕して耕して耕しまくっていく物語だとおもってた。ぼんやりした印象としてはミレーの晩鐘とか落穂拾い的風景、つまり地平線の見える大地で、貧しいが勤勉な農夫たちがさまざまな困難に遭いながらも大地を耕し続け、大地を愛し、子供にはみんな大地という名前をつけ、二大地、三大地、四大地という名前になっちゃって、うちの父ちゃんは雑だねえ、わっはっはというような物語だとおもっていた。

しかしそんな内容ではない。

パールはアメリカ人ではあるが、ほとんど中国で育った人である。生まれた直後から19歳まで清朝中国で育ち、大学だけアメリカ、卒業後はまた中国（辛亥革命後の中華民国）で働いていた。ほぼ中国文化にくるまれて育った。

『大地』はだから中国の大地の話であり、貧農から土地一番の大金持ちに成り上がった勤勉な男の物語から始まる。

めちゃめちゃおもしろい。

成り上がる者、不細工で勤勉な妻と若く美しい妾を同じ家に住まわせる大束さから、金持ちの家で腐敗していく子供たち、軍閥に入りのしあがっていく若者、革命党との確執、当時のさまざまな中国状況が織り込まれ、話も人も常に流転し変転し、読むに飽きない。

これはやはり「中国のおもしろいお話」の系譜にある。パールさんの『大地』っていうから、勝手に重苦しい話を想像し、同じ「ー」が入ってるからミレーさんの落穂拾い的な風景をおもいうかべてしまったんだけど、まったく違います。そもそもミレーさんはおフランスざます。たぶん中学生のころに勝手にそう想像して、ずっとそのまま数十年が過ぎてしまった、人生は腸の夢のようであるなあ。意味わかりませんが。腸ではなく蝶ではないでしょうか。まあいいけど。

高橋和巳の『悲の器』もまったく印象が違っていた。『悲の器』は、砂上に作られた悲の器の悲が波によって削られ、崩れていくシーンがとても印象的なんだけど、あー、そりは、あきらかに記憶が歪められてますね。削られていくのは『砂の器』の砂で松本清張さんの小説。主演は丹波哲郎と加藤剛、婚約者の父が佐分利信。

高橋さんは『悲の器』。ドラマの主演は佐分利信（らしい。見たことない）。

そもそも「悲」が削られていくって何なんでしょう。悲の器も「シのうつわ」と読んじゃう江戸っ子のことでしょうか。

ただ『砂の器』は昭和35年から36年の連載だし、『悲の器』は昭和37年の発表なので時期はとても近い。ちょっと流行してた言葉だったのかもしれない器。そだねー。

『悲の器』は、権威的な老大学教授55歳の破滅の物語。妻と死別後、若い女性と再婚しようとしたら、ショートリリーフ的に内縁関係にあったお手伝い女性（たしか30代）に訴えられて、何が悪いと開き直ってしまって社会的地位を失うという物語です。うーん、おれのまとめかたがひどいのか、何だそりゃな内容だな。これのどこが悲の器なんだよとおもったが、しかしそもそも悲の器って何なのか全然考えてなかったのでどうしようもないです。

いや、何でも勉強ですな。

タイトルと印象の違う小説ベスト10を発表しようとおもってたのに、全然すすまなかった。またそのうちにやります。これには独自研究の恐れしかありませんが、気にしなくていいです。

ドストエフスキーの値段を調べてみる

トルストイはそこそこお金を持ってただろうけれど、ドストエフスキーはなかなかお金をもってなかった、というイメージがある。ドストエフスキーは落語の『文七元結』の長兵衛親方と同じで、博打うちに金はたまりません。ドストエフスキーは賭博者だったからね。いい博打うちは、死んだ博打うちだけです。

ドストエフスキーは1881年に死んだ。もう印税はもらえない。そもそも死んでしまったら印税が出ようが出まいが、自分では使えないわけで、死後50年支払われようが、死後50秒で打ち切られようが、当人にとっては墓石に水みたいなものであって、どっちでも同じだ。だったら焼け石に豚のほうがいいし、もしくは豚の耳に塩、のほうがいい。生きてるうちに！

でも、ドストエフスキーは21世紀になっても売れている。

さっきアマゾンを見ていたら『罪と罰』が「タ行の著者のベストセラー1位」に入っていて、

たいしたもんです。まさかあの「タ行の著者」部門でトップをとるとは、とタゴールも驚いてるんではないか。

ドストエフスキーは賭博者で、いろんなことに金を使い、借金をして、その返済のために小説を書き続けたという、無頼派のかたまりみたいな人だから、書店にこの人の文庫本が平積みされているのを見ると、この印税を本人にあげれば喜ぶだろうな、とおもってしまう。

でも渡したところでそれを全部ふところへ突っ込んで、細川様のお屋敷みたいな処へ博打に行くわけで、ドストエフスキーが本所あたりに住んでたら、細川様のお屋敷に行って、すってんてんになっていたはずだ。お情けの半纏だけで家に帰っていくと、娘が家出してたりして、騒ぎは続きます。

「タ行の王者」ドストエフスキーのなかでも売れているのは『罪と罰』だ。

新潮文庫で上下巻。光文社古典新訳文庫で3巻、岩波文庫でも3巻。めずらしく角川文庫でも出ていてこれは2巻。

それぞれ値段が違う。

ドストエフスキー『罪と罰』全巻合計のお値段比較（税込料金）。

角川文庫2巻で１４５４円。

新潮文庫2巻で１７０６円。

光文社古典新訳文庫3巻で２６９４円。

岩波文庫3巻で3121円。

ずいぶん違う。

1400円代から3100円代まで『罪と罰』の値段も幅が広い。

おそらく、値段の安いほうがラスコーリニコフへの罰が厳しく、高いほうはソーニャがより献身的になってるのではないかとおもうが、確かめてはいない。

しかし文庫によっておもったよりも値段が違っている。

『カラマーゾフの兄弟』でも比べてみる。

新潮文庫は3冊で2829円。

岩波文庫は4冊で3866円。

光文社古典新訳文庫は5冊で4321円になる。

私は新潮文庫で読んだんだけど、一番安い文庫で、とりあえずカラマーゾフは3人兄弟だった。値段から考えると、岩波文庫は5・5人兄弟で、光文社は6人兄弟くらいではないかと疑われる。まだ確かめていないけど。

ちなみに、新潮社と岩波と光文社のカラマーゾフを全部買うと、1万円を超えます。

11016円。たいしたものだ。文庫を1万円以上買うって、すごいお大尽だな。

トルストイという人は、最晩年に妻と喧嘩して家出したまま死んだというエピソードばかりが思い出されるのだけど、彼はドストエフスキーの7つ下なのに長生きして、日露戦争も眺めて、1910年になってから亡くなっている。1901年から始まったノーベル文学賞の有力候補とみなされていたが、選考するスウェーデン・アカデミーは徹底して彼を嫌い、ついに与えなかった。キリスト教をかなり否定していたし、無政府主義的思想を抱いていたのが、ノーベル賞にふさわしくないとおもわれていたらしい。トルストイはつまり、いまの政府も宗教もいらないという立場をとっていて、一部では受け入れられ、一部では忌避されていた、ということですな。

トルストイは貴族ですからね。

貴族という存在は広大な土地と人々を保有しているから、つまりは国家の一部と言っていい存在で、その立場にいながら政治に参加しないで、しかも真面目に生きて、真剣にものごとを考えると、現実社会に否定的になってしまうのもしかたがない。

トルストイにノーベル賞をという声がヨーロッパ中に鳴り響いたとき、トルストイ本人は、そう言ってもらえるのがとても嬉しいし、いまさら、莫大な賞金をもらってもどうしようもない、とコメントを出した。トルストイ翁らしいコメントである。ドストエフスキーだったらどう言ってたんだろうとちょっと気になる。1億円くらい2年で使っちまうさ、くらい言ってほしい。ほんとに使いそうだし。

そのトルストイ翁の『戦争と平和』はいま文庫だとおいくらでしょう。

『戦争と平和』って光文社は出してないのね。意地でも出し続けている新潮社と岩波からしか出てない。

新潮文庫4冊で3952ルーブル。

岩波文庫6冊で6868ルーブル。

一緒に買うと10820ルーブル。

なんでルーブルなんですか。円です。

岩波は6冊で6868円ってかなり高いですね。ナポレオン軍が負ける描写がより派手になってるのかもしれない。

アンナもあります。アンナァ、クリスマスキャンドルの灯はゆれているか。

あ、それはもう揺れてませんよ。

『アンナ・カレーニナ』

新潮文庫3巻2829円。

岩波文庫3巻3283円。

光文社古典新訳文庫4巻4384円。

高いほうは、幸せな家庭の幸せぐあいがどれもすごく同じで、不幸な家の不幸が安い文庫よりも8パターンほど多く用意されているのだとおもうので、よろしく。

『細雪』を副音声解説付きで読む

四姉妹とはどういったものかと『細雪』を読み始めてみたら、谷崎潤一郎の区切らない文体が気になって、そのあと猛烈に襲いかかってくる「注」が気になってしまった。

新潮文庫の『細雪』は文庫本で上中下と三つに割られているが、猛烈に注が襲ってくる。開始3行目で「長襦袢」と「抜き衣紋」に注がついていて、さすがに長年生きているとそれぐらいの言葉は知っておるわいと油断して進むと、その5行あとに「ピアノ」に注がついている。え、おれの知ってるピアノとは違うのか、谷崎のピアノはとても情感的なのかとおもっておもわずざぐっと注を見ると、とても高いものだった、今の値段で安くとも100万円以上するのだと書かれていて、こうなってくるともう「注」ではなくて「副音声解説」ですね。

解説に出てくるのは、パフォーマーの考えではなくて、解説者の人生観で、その昔、〝打撃の神様〟川上哲治が野球中継の解説で、この選手は親孝行だから活躍する、と言い放ったとい

うエピソードがあって、私はこの話が大好きで、これはその選手（ジャイアンツの若手だったとおもう）のことを離れて、ただ川上のテツハル哲学が強く打ち出されてしまっているばかりで、神々しいくらいにバカバカしくってすてきです。

それと同じで「注」をたくさんつけちゃうと、その「注」の解説者の世界観が副音声として小説世界に入ってきて、不思議に怪しい反響を轟かせることになる。

『細雪』新潮文庫3巻で861の注がついていた。潤一郎もびっくり。

「南禅寺の瓢亭で早めに夜食をしたため、これも毎年欠かしたことのない都踊を見物してから帰りに祇園の夜桜を見、その晩は麩屋町の旅館に泊って、明くる日嵯峨から嵐山へ行き、中の島の掛茶屋あたりで持って来た弁当の折を開き、午後には市中に戻って来て、平安神宮の神苑の花を見る」などという文章は、これはマル（句点）がなく一文でまとめられているところからも、一挙に読んで、よくわからないなりにも京都の春の雅な気配を感じてもらえればいいとおもって書いてるに違いなく、それは落語や講談に出てくる〝言い立て〟と同じで、意味なんかどうでもいいんで、勢いで雰囲気を感じて欲しくて書いているはずなのだが、そういうところもなかなか容赦されません。

副音声解説付きでお楽しみいただきますと。

「南禅寺の瓢亭、南禅寺は京都市左京区にある臨済宗南禅寺派の大本山、三門や方丈庭園などで有名、瓢亭は南禅寺前にある懐石料理屋で、古くは南禅寺の門前茶屋として知られ、当時の

●『細雪』注割合データ

	本文頁数	注頁数	注の数	総頁数	本体価格	1頁あたりの注	何頁ごとに注があるか
上巻	301	35	255	352	¥550	0.85注	1.18pごとに1注
中巻	373	36	281	416	¥630	0.75注	1.33pごとに1注
下巻	427	45	325	512	¥710	0.76注	1.31pごとに1注
全巻	1101	116	861	1280	¥1890	0.78注	1.28pごとに1注

おもかげを残す店構えでも有名である、で早めに夜食をしたため、これも毎年欠かしたことのない都踊、東京遷都後の振興策として明治五年に始まり、毎年四月一日から三十日まで、祇園花見小路の歌舞練場で、祇園の芸妓・舞妓が出演して開かれる舞踊会、海外でもチェリー・ダンスとして知られる、振付けは井上流、を見物してから帰りに祇園の夜桜、八坂神社（祇園社）の背後にある円山公園には、当時、樹齢二百年を……（以下略）を見、その晩は麩屋町の旅館（中京区の麩屋町には、柊家・俵屋など……略）に泊って、明くる日嵯峨（京都市右京区嵯峨を中心とする地域名。平安遷都後、歴代天皇の遊幸地と……略）から嵐山（嵯峨の大堰川南岸にある海抜三百七十五メートルの山。元は紅葉の名所であったが、後嵯峨上皇が……略）へ行き、中の島（大堰川の中洲で、渡月橋が……略）の掛茶屋あたりで持って来た弁当の折を開き、午後には市中に戻って来て、平安神宮（左京区岡崎西天王町にある、明治二十八年、平安奠都千百年を記念して……略）の神苑の花を見る」

となってしまいます。お楽しみいただけましたでしょうか。

また、冒頭の「ピアノ」の注もそうだけど、特急列車の「かもめ」（小説での表記はカモメ）についても、本文の流れからも私は東京と神戸の所要時間が知りたいとおもって注を見たけどそれは書いてなくて、「普通急行料金の二倍の値段」という解説がついていた。

なんか注釈者が他者の物語として読んでるのがわかってきますね。金がかなり気になるらしい。この小説の登場人物たちは、自分たちと違って金に困らない身分の人であるという解説を繰り返していて、この注釈者にとって大事なところがそこらしく、どうも「野球は親孝行だ」に近いものを感じてしまって、なんか、ときどき笑っちゃいそうになりました。

3巻で本文は1101ページ。それに861の注だから、1と⅓ページくらいに1つ注がついている感じで、まあずっと横でコーチにアドバイスされながら走ってるみたいです。でもときどき「左足を出したら、次は右足を出すんだ」というようなレベルのコーチングを受けている気がして、たとえば「イクラ」に注がついてたりする。

●ホリイの『細雪』注ゆるーく分類

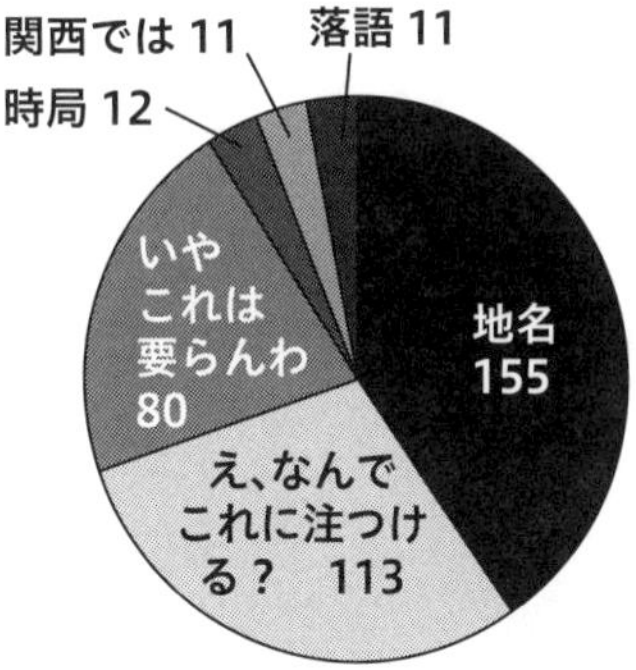

（※861注のうち364注について勝手に分類。重複あり）

ぬぬ。どんなイクラだ、イランやイラクと争いそうなやつかとおもってみると、「鮭、鱒などの成熟卵を塩水に漬けた食品」とあって、いやーん、それ、そのままやーん、と先斗町の角の交番前で腰が抜けた舞妓さんみたいな反応をしてしまいます。うーん、どうしましょう。

私は昭和の京都に育ったので「十三詣り」や「地蔵盆」

というとても当時の生活に密着していた行事が、他人事として淡々と解説されているとなんか感慨深いんだけど、京都では七五三はまったく祝わず（うちではそうでした）十三詣りに行くから、とずっと言われ、数えの十三になると、嵐山の何とかという寺にお詣りに行かされます。そのとき、渡月橋を渡るんだけど「渡月橋を渡るときに、ぜったいに後ろを振り返ったらあかんで、振り返ったらアホになるから」と親にめちゃめちゃ脅かされ、4つ下の弟はふつうに振り返っていて、親におもいっきり怒られてました。

『細雪』上中下861の注釈ページを合計すると116ページになって、薄い文庫本1冊が作れます。1・3ページ毎に1注釈の世界。

英米日姉妹物語を読んでみる

『細雪』は四姉妹のお話なんで、映画化されると主役級の女優4人が並ぶことになって、なかなか豪華絢爛百花繚乱応仁の乱な風景になる。ヒトノヨムナシな感じ。

２０１８年にもドラマになっていて、上から美人さん、美人さん、一人飛ばして美人さんで演じられていたって、こらこら。中山美穂、高岡早紀、伊藤歩、中村ゆり、ですね。これが２０１８年四姉妹。35年前だと、岸惠子、佐久間良子、吉永小百合、古手川祐子だった。アメリカ版だとジャネット・リーにジューン・アリソン、エリザベス・テイラー、ときて末っ子がマーガレット・オブライエンになる。１９４９年版。あ、それは若草物語だ。

『若草物語』も四人姉妹の物語で、アメリカ娘たちの物語。書かれたのは１８６８年。明治元年です。登場人物たちが若くて、長女のメグで16歳、一番下のエイミーは12歳の少女物語である。あまり恋愛ネタはでてこない。

『細雪』は1948年完成。明治でいえば80年。上から、鶴子、幸子、雪子、妙子の四姉妹で上の2人は結婚していて30代半ばから後半、下の2人は未婚で30前後と20代という設定である。

もうひとつ四姉妹プラス1、つまり五人姉妹のお話としては『自負と偏見』がある。新潮文庫で読んだので高慢と偏見ではなくこっちでいきます、プライド&プレジデントですな。ちがうか。まあそのへんだ。

出版されたのは1813年。すげえ古い。明治マイナス56年。江戸まっさかり文化年間です。舞台設定はそれより10年ほど昔、18世紀末のイギリス。

『自負と偏見』も『細雪』も娘たちの結婚のお話である(『若草物語』は長女だけ結婚話が出る)。『細雪』はおとなしい三女の雪子が誰と結婚するのかを辛抱強く追っていく物語。べつに辛抱しませんけど。雪子は30で未婚、わかりやすい「いきおくれ」ですね。

『自負と偏見』も長女・次女の(少しだけ五女も)恋愛と結婚の物語だ。誰と恋に落ち、結婚するのかという話でしかない。しかも寛政年間の恋。それがとてもおもしろいんだから、オースティンはすごいね。セリフとキャラで読ませる。

姉妹物語には「長女から順に嫁にいかなければいけない」という不文律があって、それが障壁になる。だいたい後回しになる末っ子、大阪でいう「こいさん」が焦れて、跳ね返ってしまって、事件になる。

『細雪』も『自負と偏見』も末っ子は駆け落ちしてますね。大阪のこいさんも、イギリスのこいさんも、駆け落ち騒ぎで家族が騒然、日英騒然だ。１９０２年。それは日英同盟。

姉妹物語の主人公、語り手は、なぜか次女である。

『細雪』の場合は、主人公というより語り手みたいなポジションだけど、次女家族を中心に物語は進んでいる。本家の長女は、あまり描かれない。

しっかりした次女、おとなしくて自己主張しない三女、破天荒おてんばな四女という設定である。長女は、なんだかいつも騒ぎの蚊帳の外である。

『自負と偏見』は、長女ジェーンは一番の美人で、とても純心、人を悪く思わないキャラ、次女リジーは勝気で活発でよく口のまわる女性､じつはこの2人の対比だけで物語が進んでいき、下の３人は（特に三女四女は）その他大勢キャラになってしまっている。

三女メアリーは、ガリ勉女子。いまでいえば「眼鏡女子」タイプ（眼鏡かけてる描写はないです。もちろん眼鏡とったらすごい美形という設定もない）。

四女と五女は、キティ&リディアというコンビでずっと一緒に描写されている。いつも男性のことしか考えてない軽い女として描かれてるばかりで、内面はあまりしれない。10代らしい「ギャル」設定。2人はいつもセットで登場するが、後半で末っ子イギリスこいさんが軍人さんと駆け落ち、若いのに（16歳）結婚しようとして（結婚するんですが）、大騒ぎになり、そのときキティは悔しがるというシーンはある。

その解決に奔走してくれてたのが、日本でいうなら石田さんなのを知って、主人公の恋が進むという展開になる。いや、ヒーローはダーシーって言うんですが、いきなり名前だしてもわかりにくいから、小学校のときうちのクラスの石田くんのことをみんなで「ダイシ」と呼んでたのをおもいだしたんで、石田さんと呼んでみました。主人公の名字はベネットだから戸部さんですかね、石田と戸部の恋物語。どうでもええわーって感じがしてきて、いいですね。

あらためてみると『自負と偏見』は主人公次女と長女以外はべつだん姉妹である必要がなく、それぞれのキャラが生きるエピソードもないので、投手と捕手以外の選手に名前を与えなかった（巨人の星・高校野球編）梶原一騎ぽさをすごく感じてしまって、オースティンは梶原一騎的な押し押しストーリーテラーだったんだと気づいて、おれはいま猛烈に感動しているところであるぞ。

四姉妹もののキャラわけをみると、まず、読者が同化できる主人公がいる（なぜかみんな次女）。あとは主人公から見て「守りたい存在」がいて、「やや対立している存在」があって「よくわからない存在」がいて、それで四姉妹になっている。

『自負と偏見』は、長女が「守る対象」で、「対立」は最初は四・五女コンビ、後半は五女単体。「不明」が最初は三女、後半は三・四女。

『細雪』は「対立」四女、「守る対象」三女、「不明」長女ですね。『若草物語』もだいたい同じ。これはたぶん「血液型分類」のおもしろさと同じでしょう。

世界を「自分」と「味方」と「敵」と「よくわからない存在」の4つに分けるってやつですね。「よくわからない」が入ると俄然、説得力が増してくる感じ。

私が割り当てるなら『細雪』では「鶴子がAB型、幸子がO型、雪子はA型で妙子がB型」って感じになる。妙子がけっこう好きですね。血液型のイメージは人によって違うから、それぞれの血液型は各自であてはめてみてください。私に連絡しなくていいです。

70年代京都の書店を懐かしむ

本の雑誌先月号（2018年7月号）巻末予告に「消えた出版社を探せ！」として、京都書院の名前を見つけたときに、ああ、京都書院と声に出してしまって、ああ、平安の平安の京都の京都書院という詩まで浮かんでしまって、京都書院はとても懐かしいんだけど、どこが詩だ。出版社として懐かしいわけではなく、本屋としての京都書院が懐かしい。なつかもなつし、懐かしい。うん。そんな感じだ。

京都の河原町四条を、五条のほうから上がってきて、その先の左のほうですね、そこそこ大きめのオシャレな感じの本屋さんだった。五条のほうから行くのは、うちが五条だからです。1970年代の京都には、四条から三条の河原町通沿いに書店がずらっと並んでいて、なかなか素敵だった。毎日のように点検に行っていた。

まあ自宅警備員のようなものだった。誰から頼まれたわけではないけれど、かなり頻繁に通

京都書院イシズミ店が入っていたビル

っていた。ほぼ毎日、チェックを続けていた。べつだん書店は増えもせず、減りもせず、しかも毎晩夜9時くらいまで営業していて、コンビニなぞ影も見えない時代に9時まで営業している書店が並んでいるのは、とても心強かった。

五条から上がってくると、まずオーム社書店がある。すぐ隣が京都書院だった。この2つから入るのが心地いい。

オーム社はその名の通り、書店全体に電気が流れてるような書店で、理工系の本が並んでいて、憧れるけどまったく得意ではない分野なので、いつもぼんやりしていた。高木貞治の『解析概論』の本を眺め、ときどき手に取って眺めていた。あのころ高木貞治の『解析概論』がブームだったのだ。いまだに欲しいけど。でも買う勇気がない。オーム社は古い学校校舎のようなイメージを持っていた。賢い人向け本屋。

そして隣が京都書院。

京都書院は好きでした。ブックカバーがかっこよかった。グレーのブックカバーで、京都書院のイメージは〝石〟ですね。書店のイメージを素材で言ってもどうしようもなさそうだが、でもそんな感じ。かっちょいい。この店は海外ＳＦの文庫本を買うのがおれのなかではかっこよかった。

京都書院のブックカバー（写真提供／本村学氏）

京都書院は、斜め向かいにもあった。

中岡慎太郎が寓居していたところがあって、そのちょっと先の地下に京都書院がもう一つあった。こっちはもっとオシャレだった感じ。ここは「京都書院イシズミ」だった。イシズミです。なんかすごい。イシもズミれば、キジも鳴けない時代だったですからねえ。イシは、なかなか、ズミんないです。慎太郎もズミなければやられなかったのに。

そういえば、河原町通の西側に書店は固まっていて、東方はこのイシズミと、もう一つは梶井檸檬次郎で有名な丸善がありました。レモンテロリスト梶井。略してレモンの梶井。一周回って戻ってるぞ。でもなんか、丸善はあまり行かなかったなあ。本があったのが2階だったからか、閉まるのが少し早かったからか、まあ東側だったから面倒だったんでしょうね。

京都書院から上がっていくと、しばらく書店がなくて、蛸薬師通のところで、サワヤ書房とミレー書房があった。サワヤは街の本屋さんって感じで、雑誌が目立っていた。ミレー書房は、これは賢い人向けの書店って感じで蛸薬師沿いだった。

「蛸薬師」「姉小路」「東洞院」「六角」なんてのはふつうのストリート名なんだけど、「通り」と付けないし、文字に書くと、なんか変ですよね。蛸薬師を曲がるとなんて、どんなぐにゃぐにゃしてるんだろうとおもってしまう。ぐにゃぐにゃしてないからね。イボもありません。

その先に駸々堂本店があった。

私のイメージでは、ちょうど四条と三条の真ん中あたりにあったから、駸々堂の本店が「こ

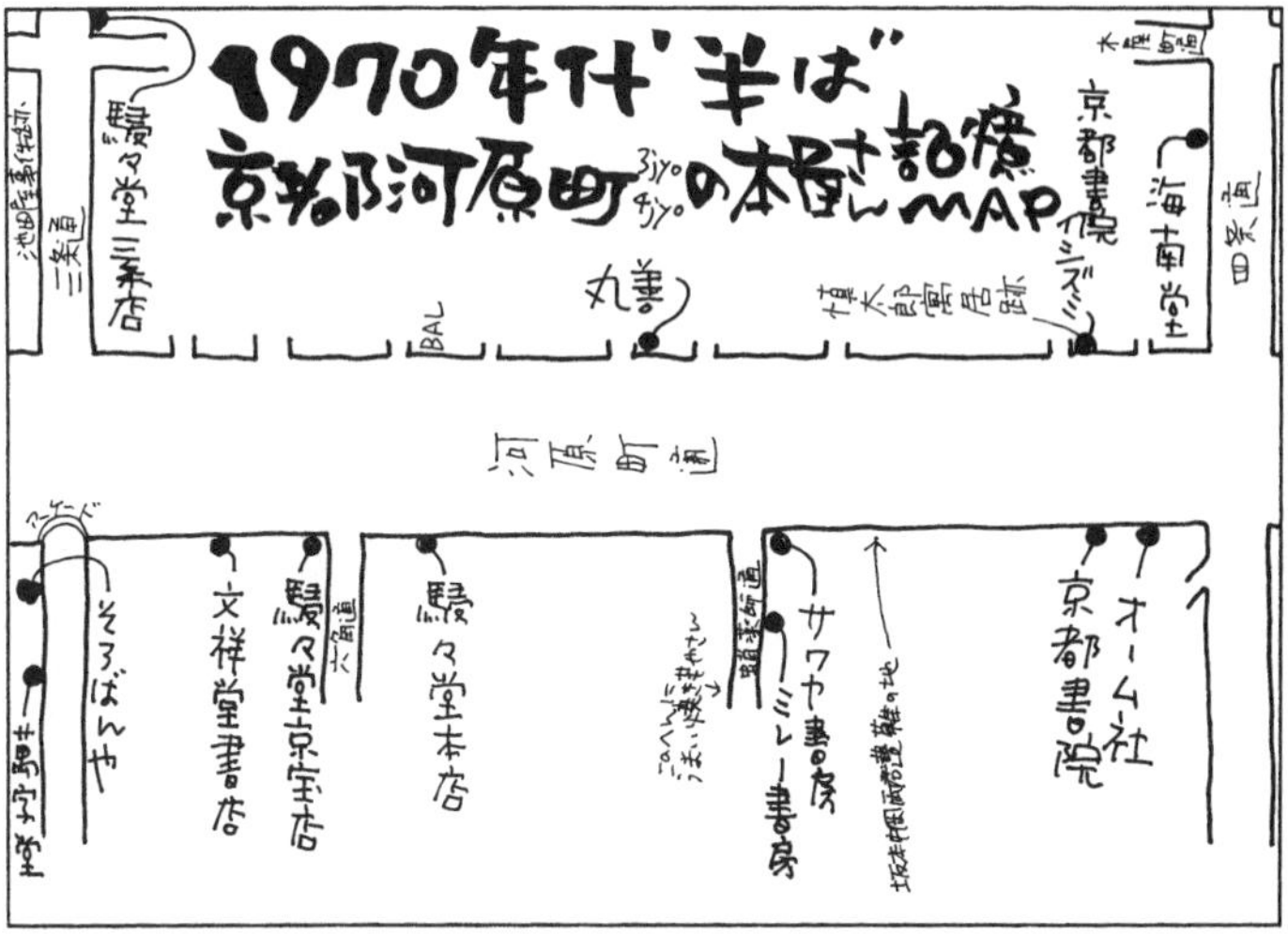

のエリアのボス」というポジションだとおもっていた。ボス駸々堂。重厚。天井高い。講談社文庫がずらっと並んでる。でもカバーがついてない。それが駸々堂というイメージです。駸々堂は幅広い博学的な空気があった。ボス駸々堂。そういえば、駸々堂も出版社でもありましたな。

そこからずっと三条に近寄って六角通を越えたところに、新顔としての「駸々堂京宝店」があった。ここは、めちゃ広かった。めっちゃめっちゃめっちゃ広くて、世界一広いんじゃないか、と京都の高校生はおもってました。これができたのが、えーと、1970年代の前半だったとおもう、書店の大型デパートというイメージで、なんというか、野放図に強いという書店だった。ビーバーというレコード店も店内にあった。ビーバーのレコードを入れてくれる透明ケースはしゅっとしていて、好きだった。

中岡慎太郎寓居の地

その先に文祥堂書店があって、ここはなんか文房具もある両方面な書店のイメージ。あとは三条通沿いに寺町方向に行ったアーケードの中にそろばんやと萬字堂という小さい書店が2つほどあったし、木屋町三条のところにも駸々堂があった。

それを繰り返しチェックしていた。

海南堂もあったなあ。レクラムもあった。

さっき京都に行ったついでに40年ぶりにチェックしてみたが、書店は跡形もなかった。全滅である。殲滅でもあるし仏滅でもある。古書店が2つほど残っていただけだ。そして、駸々堂と京都書院の間の「坂本龍馬が殺された近江屋の碑」はめちゃめちゃ派手になっていたが、斜め向かいの「中岡慎太郎寓居の地」はめちゃめちゃ目立たないようにされていた。かわいそうだぞ慎太郎。龍馬が殺されたあと2日ほど生き延びて、やきめしを食べたが、吐いて死んでしまった。慎太郎。その話も京都の本屋で買った本で読んだぞ慎太郎。

あのころ、駸々堂や京都書院のない未来なんか、まったく想像もしていなかった。謎の書店滅亡菌が蔓延したのだろうか。東京でぼんやりしているあいだに、さっくり消えてしまった。

名作文庫の上下巻の部数を比べてみる

夏だ、休みだ、高原の白樺の木陰で読書だってんで、白樺の木陰に向かっても、白樺が細くて葉っぱが小さくて陰になっていなかったりするときは、どうすればいいんでしょう。がんばるしかないっすね。

夏になると、急に長い本が読めるような気分になって、いきなり長い小説を読み出したりして、読み出しただけでおれ偉い、なんておもったりして、でも、その長い小説を夏中に読み終わることもなく、そのまま秋になり冬になり、そして春になり、10年経ち20年すぎ、やがて死んでしまうんでしょうね。しかたない。

うちの本棚で読み切ってなくて気になるのはマンの『魔の山』と、それからギョエテの『ファウスト』だ。ギョエテとはおれのことかと業田いい。ちがいます。ゲーテです。業田さん出てこなくていいです。

どっちも下巻に入っていいところまでいったのに失速して離れてしまった。なんなんでしょうね。

マンの『魔の山』という小説は、タイトルだけでは中身がまったく想像できず、イメージでいえば、魔が集まる山があって、その山の上のほうで夜になると火を焚いて、そこに魔が集まってきて、魔といっても魔法使いとか魔女と違って、魔は魔で、いろんなのがいて、丸いのとか小さいのとか細長いのとかが火の周りでしきりに騒いでる山で、タイミングをはずすのがいると、魔が悪いねえ、というのがお決まりのジョークで、すると魔たちが一斉に笑って魔の山はちょっと震えるのだった、なんてのを想像してたけど、ちょっと違いましたね。そんなにはずれてない気もするけど、スキーはするけどキャンプファイヤーはやってなく寒くて高い山にみんな集まっていて、京都の感覚でいえば比叡山が魔の山にあたりますね。京都で言われても困るだろうけど、まあだいたいそうです。

わりと最近になって『魔の山』を読み始めたときは、すっげーおもしれー、さすが、マンさん、おもしれっすよ、と調子に乗って読んでたんだけど、どこで行き違ったのか、ペースが落ちていって、下巻のいいところまで行って読まなくなった。ちょっとしたことがきっかけであまり話さなくなって、べつだん喧嘩したわけじゃないのに何となく終わってしまった淡い恋のようで、そうだよね、読書は恋愛だ。夏だ。読書だ。恋愛だ。でもだいたい失恋だ。自爆だ、どっかーん。うるさい。

『魔の山』の下巻を見ると、264ページにしおりがはさんであって、ハンス・カストルプにすごい勇気が出てきてるところまで読んでいる。そうか、カストルプは元気か、と数行よんだら、なんか3年ほど前に読んでいた空気をおもいだした。古典の名作にはそういう力があってすごいな。

いったい魔の山を途中で挫折している人はどれぐらいいるのか、と、新潮文庫での上巻と下巻の発行部数を比べてみることにした。文庫編集部に聞いた。

新潮文庫の『魔の山』の上巻はいまのところ48刷で28万7千部で、下巻は41刷22万1千部である。つまり上巻を買って、下巻にたどりついた人の割合は77％になる。

『魔の山』77％。

おもったより数字が高い。おれのイメージだと読み始めても3割くらいしか読み終わってないって感じなんだけど、そうでもないみたいだ。みんなえらいな。

ただあくまで発行部数だから、最後まで読んだってことではなく、上巻も下巻も買った人の割合でしかない。でも、なんとなく上下巻の熱の差はわかる。

『ファウスト』は上が54万4千部で、下が39万8千部だった。到達率だと73％。ギョエテは少し人気がない。

新潮文庫で上下巻に分かれてるほかの作品部数を聞いてみた。上下に分かれてる有名作品といえば、『罪と罰』『赤と黒』『悪と霊』『ジェーンとエア』などがあって、すません、「悪と霊」

「ジェーンとエア」には「と」はいりません、まあ、そのへんです。上巻を読んで、ちゃんと下巻にまでたどりついた（のではないかと推測される）割合です。高いほうからいきます。

『ジェーン・エア』89％
　94万1千↓83万8千
『悪霊』83％
　32万9千↓27万4千
『赤と黒』78％
　115万7千↓90万2千
『罪と罰』78％
　106万8千↓83万2千
『ツァラトストラかく語りき』70％
　29万6千↓20万6千

ツァラトストラはちょっと低いですね。まあニーチェだし、哲学じみてるし、タイトルはかっこいいけど、読んですぐ意味がわかるわけではないからね。それでも7割の人は下巻までたどりついてるってのがすごいとおもう。ひょっとしておれがおもってるよりも「下巻だけ買うゲカンマニア略してゲカマニ」が世の中には多いのかもしれない。ゲカマニ。連絡いりません。

ドスさんは『罪と罰』が78％なのに『悪霊』は83％で、やはりこれは罪と罰のほうが有名なので、がんばって上巻を買ってみたところ、5ページでむりむりむりむり名前がおぼわらーんと投げ出しちゃう人が多いからでしょう。

罪罰を読みおえた人だけが悪霊に向かってる気がする。部数がそもそも違うもんな。罪罰は上巻106万、悪霊は32万だからずいぶん違う。しかし累計だとすごい部数なのね。罪罰は上下合計で190万部で、1冊85円もらったとしても1億6千万円とかになりますが、こんな江戸時代に書かれた本に著者印税は払われません。

『赤と黒』はそれより売れていて合計205万部超えてるわけで、すごいわ。文政年間の小説やけど。そういえば、「本を読むのが速いやつは文章が下手だ」とある編集者が言ってたから、速読する人は、いろんなものをぼろぼろ落としてるみたいなので、途中で読み止めた本がたくさんあるほうがおれはいいとおもっておるぞ夏。

長い名作文庫の各巻の部数を比べてみる

前回では文庫の下巻の部数は上巻の何割くらいかというのを調べたが、では、もう少し長い文庫になるとどうなるのか、それも調べてみた。新潮文庫。

3巻以上に分冊されている文庫本はいくつかあるが、そこそこ有名どころを並べてみるなら、ロシアからは『アンナ・カレーニナ』『戦争と平和』に『カラマーゾフの兄弟』、イギリスから『デイヴィッド・コパフィールド』、アメリカから『風と共に去りぬ』、作者はアメリカ人だけどどう考えても中国からと紹介したほうがいい『大地』、そしてフランスから『レ・ミゼラブル』、このあたりかな。とりあえず露英米中仏。ポツダムで宣言した国とフランス。

「風去り」以外は読んでるんだけど、この中で特に印象的な作品は、私は『レ・ミゼラブル』で、どうもこのタイトルは馴染みませんな、やはり『あゝ無情』というのがしっくりくるんだけど、さっきパソコンで『あゝ無情』を検索したら、若いアン・ルイスが歌ってる動画がヒッ

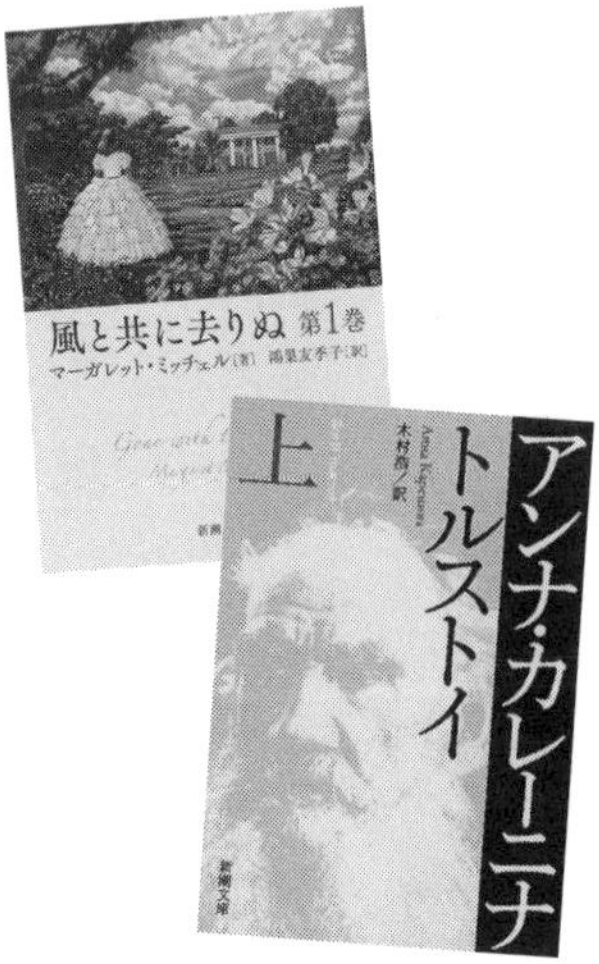

トして、しばらく見とれてしまった。

『あゝ無情』は、「パン1つを盗んで20年も牢につながれていたジャン・バルジャンの物語」だと小学校のときに知って、その知識だけで40年ほど過ごしていたけど、大人になって読んだら、おもってたのと全然違っていた。

物語の展開を超えて、作家の情念を作品にどんどん押し込んでくるユゴーの小説スタイルはとても魅力的で、100年あとの司馬遼太郎の小説でも似たようなのを見かけたけど、ユゴーは好き嫌いがはっきり出ていて、作者キャラが強烈に前に出てきて、いいですね。

その『レレレのミゼラブル』が書かれたのは文久2年の1862年で、京都では攘夷の嵐が吹き荒れていたころですな。

いまの新潮文庫だと5分冊。

1巻の累計部数が53万9千部。

2巻が34万、3巻が27万9千、4巻が25万4千、5巻が24万7千。全部合わせるとだいたい166万部だ。

5巻の発行部数は1巻の46%になる。

半分の人がたどりついていない。まあ長いからねえ。読んでる途中で死んじゃった人もいるんでしょうねえ。

同じく5巻まであるのが『風と共に去りぬ』。

私はまだ読んでいない。映画は見た。戦前の銀座で見た記憶がある。どの戦争の前か忘れたけど。まあ、そのうち読みます。

このマーガレット・ミッチェルの長い小説は1冊めは101万7千部も出てる。2巻が71万4千、3巻が63万5千、4巻60万4千、5巻60万6千部だ。

これだと1巻に対して、5巻の割合は59・6%。6割の人が最終巻にたどりついてることになる。それが『レ・ミゼラブル』と『風と共に去りぬ』の差である。つまり、ヴィヴィアン・リーとヒュー・ジャックマンの差だな。文久2年と昭和11年の作品の差でもある。

本の雑誌編集部によると、女の一生ものは強いですから、ということらしくて、そういうものらしいぞな。

4巻本としてはトルストイの『戦争と平和』、ディケンズの『デイヴィッド・コパフィールド』、バックの『大地』がある。

『戦争と平和』
38万3千→20万6千で54%。
『デイヴィッド・コパフィールド』
18万9千→11万7千で62%
『大地』
89万3千→65万2千で73%

部数も歩留まりもパール・バックの『大地』が圧倒的に強い。タイトルは地味だけど、面白いからねえ。たしかにこの3作品を並べると『大地』だけはさくっとあらすじが言えるからなあ。貧乏だけど真面目に働く中国大陸の農夫が努力してのしあがっていく話から、その息子たちの物語になっていって、末っ子の物語がおもしろいです。まさに波瀾万丈。『デイヴィッド・コパフィールド』も波瀾万丈だけれどなんかスケールが違う。『戦争と平和』はナポレオンのロシア戦争という歴史的事実を土台にしてるから、知ってる波瀾万丈って感じだあね。

3巻本はドストエフスキーとトルストイの対決になる。

『カラマーゾフの兄弟』

72万7千↓46万4千で64%。

『アンナ・カレーニナ』

57万4千↓37万6千で66%。

ちょっとの差でカレーニナがカラマーゾフに勝った。うん。早口言葉ぽいな。カレーニナがカラマーゾフに竹たてかけたのは、トルストイに上手にドストエフスキーをたてかけたかったから。はいはい。どんな地獄絵図だそれは。

女主人公ものは強いっす。アンナはアンナの一生だし、オンナの一生ものでもあります。

あらためてみると『風と共に去りぬ』だけは4巻の部数より5巻の部数のほうが2千部多くなっていて、つまり、1、2、3と持って4がなくて、5巻を持ってる人が2千人ほどいる可能性があるわけで、どうしてるんだろう。

ひょっとしたら、とても縁起を担いで、4は死につながるからってんで、4巻だけはぜったいに買わない読者かもしれず、そういう人は日本には潜在的に2千人くらいいるかもしれないわけだ。そういう人は9は苦労につながるからって9巻も買わないものだから、山岡荘八の『徳川家康』全26巻も21冊しか読まないわけで『ワンピース』だと、38巻の次は50巻まで飛ばすしかなくて、そりゃきついなあ。エニエス・ロビー編とスリラーバーク編がまったく読めないんだからねえ。がんばれ。

『流転の海シリーズ』で死んだ人を数える

宮本輝の長い小説『流転の海シリーズ』が完結した。雑誌では夏前に完結していて、ようやっとこの２０１８年の10月に単行本が出る。

シリーズ第９巻『野の春』。

２年前に、９巻は２０１８年春に出るんではないかと予想してたんだけど、少し延びて２０１８年秋でした。

連載が始まったのが昭和57年で、平成30年の夏まで続いた。ポンポコ時代に入らなくてよかった。平成の次の元号を、私はいまのところ仮にポンポコと決めてあるので、それで呼んでます。みんなもそれぞれ平成の次の元号を自分で決めちゃっていいですよ。おれはポンポコ。来年はＰ元年。

Ｈ30年に完結したこの物語の主人公は松坂熊吾、宮本輝の父がモデルである。

小説のなかで主人公の息子の名前は伸仁で、宮本輝の本名は正仁。

主人公の熊吾の生年が明記されておらず、事実と少しずらしてるとおもわれる。

1巻冒頭は昭和22年1947年3月で、熊吾はそのとき50歳、つまり1897年の明治30年の生まれということになる（これがずらされてるのではないかとわたしは勝手に推察している）。

途中途中で前半生が振り返られているので熊吾の事歴を並べてみる。

明治37年7歳のとき、桑田のまあちゃんちの野壺に落ちる。

大正4年18歳のとき、許嫁の貴子と結婚を待たず大阪へ駆け落ち、一緒に住む。同年暮れに貴子は病死する。

大正6年、20歳で徴兵。朝鮮総督府の近衛連隊を務め、大正8年22歳、伍長まで出世して帰還、同年、ひと旗あげようと大阪へ出る。いちど失敗して、城崎温泉のさらに奥地の村に逃げ、何の資格もないが無医村なのでニセ医者を1年やる（犯罪です）。

大正14年ころ、28歳くらい、再び大阪で事業を興そうと、愛媛の南宇和の先祖伝来の田畑を売る。昭和7年、35歳、中国との貿易を始める。ここから5年ほど、上海と日本とに半々くらいで住む。

昭和12年、40歳で召集され、満州東部の戦線で戦う。怪我をして翌年帰国。大阪で松坂商会を続ける。関西実業界の雄と呼ばれるほど儲ける。

昭和16年夏、44歳、神戸の御影に広大な屋敷を買い、房江と結婚。戦時中に、南宇和の一本松村に疎開。昭和21年まで故郷で過ごす。

物語は戦争が終わって1年半経って、大阪に戻ってきて、50歳で初めて子供が生まれたところから始まる。まだかなりの大金持ちである。ここが1巻。

しかし身体の弱い息子のため、生まれ故郷の南宇和へ引っ込んでそこで数年を過ごすことになる。それが2巻。

そのあと、大阪の中之島に住む3巻。富山に移住した4巻、大阪に戻って廃墟のようなビルに住み、息子は尼崎の魔窟のような長屋に住まわせる5巻。

6巻で大阪の福島の巨大駐車場の管理をやり、7巻で大阪の鷺洲で中古車販売を始め、8巻で大阪の千鳥橋で中古車販売センターを展開する。8巻は野良犬がいっぱいでてくる。21世紀の都会から眺めると野良犬に襲われるのって室町時代みたいにおもえてくる。60代後半になって愛人と住んでぐだぐだしてるうちに最終の第9巻になってしまう。そんな感じ。

けっこう荒っぽい時代の、かなり荒っぽい場所を描いているからか、人がよく死んでいく。物語の中で、そこそこ馴染んだ人たちがどれぐらい死んでいくのか、死んでいった数を1巻づつ数えてみた。

1巻の戦後闇市大阪編では3人。戦犯としての死刑が入ってる。

2巻の南宇和編では10人、とても多い。転落死、肺病の死、癌の死、ライフル自殺、餓死、となかなか凄まじい。ここでは人が死にすぎると言って、大阪へ帰る。うん。帰ったほうがいい。この10人とは別にヤクザの舎弟も14人死んでる。

3巻は大阪中之島編で、水上生活者たちと仲良くなって、6人死んだ。宮本輝の小説『泥の河』の背景となってる時代。

4巻は富山編で、3人死んだ。ここは宮本輝芥川賞受賞作『螢川』の背景。

5巻は尼崎の魔窟の蘭月ビル編、5人死んでいる。そのうち4人の死と仲仁（宮本輝本人ってことですな）は関わっている。

6巻は大阪の福島のモータープール編で4人死んだ。

7巻は鷺洲の中古車販売編で3人死んで、8巻の千鳥橋の中古車販売センター編では5人死んだ。野良犬は入れてない。

9巻、こちらでの死者は7人。

人、と書いてるけど、名前のつけられていた動物も入っています。イヌとサルとキジ。うそです。イヌとウシとネコ。

人の生死を描いた小説だけど、重くはない。人はやがて死ぬもんじゃけん、という透徹した人生観が貫かれているので、ふつうに受け止めていくしかない。読んでることじたいが人生を経験してるようで、すごいことじゃのお、と、この小説を読んで文章を書くと宇和島弁を真似てしまいとうなっていけませんな。小説を読んで四国弁を真似てしまうのは、『竜馬がゆく』

以来じゃのう。宇和島弁って聞いたことないから、ものすごい適当です。『泥の河』や『螢川』を書いた宮本輝の少年時代が客観的に描かれているわけで、でも『泥の河』や『螢川』の内容とはまったくかぶらないように描かれていて、そのへんの匙加減は絶妙である。

たとえば『流転の海シリーズ』の富山編4巻では蛍が出てこない。蛍が飛んでいるのは、なぜか3巻で熊吾が金沢に行ったときなのだ。

通して読むと、2巻の宇和島でののんきな田舎の風景（そして人がたくさん死んでいくの）と、3巻で水上生活者たちと交わっていくのと、5巻の尼崎の魔窟ビルでの事件の数々が圧倒的で、その3つが私はとても面白かった。『地の星』『血脈の火』『花の回廊』の3巻。とはいえ、飛ばしてそこだけ読んでも、わかりにくいから最初から読んだほうがいいよ。

名前が覚えられない『悪霊』の登場人物

ドストエフスキーの『悪霊』を読んでいるのだが、やはり名前が覚えられない。

まずステパン・ヴェルホーヴェンスキーが出てくるのだが、ステパン・トロフィーモヴィチ・ヴェルホーヴェンスキーと呼ばれ、そのあとステパン・トロフィーモヴィチになって、やっとステパン氏になる。

最初からステパンでいいじゃん、とおもうけど、19世紀のロシア人はそのへんはかまってくれない。ステパンで出てきて、あとから長い名前が出てきたほうが読んでるほうは楽なのにとおもうが、19世紀的にはそういうものではないらしい。

落語の『たらちね』（ないしは『延陽伯』）では、八っつあんのところに嫁入りしてきた言葉の丁寧な女性は、名前を聞かれたとき、「父はもと京都の産にして、姓は安藤、名はケイゾウ。あざなをゴコウと申せしが」とまず父のことから説明を始めて、まあハチ公はすべてが名前だ

とおもってしまって混乱するが、それと同じだ。清女も19世紀の人なのだ。

ロシア小説の前では、おれたちはみなハチ公になってしまう。お父さんの名前は省いていいからと言いたいけど、そんなこと言っただけで決闘申し込まれそうだから、黙って黙読を続けるしかない。

この「お父さんは何という名前だったのか」というのが昔はとても大事だったらしく、ギリシャ神話でもペレウスの子アキレウスだのアンテノルの子ペダイオスだのと書かれていて、略称だと、ペレウスの子、という父の名前で呼ばれている。ギリシャの神話と、長屋の「たらちね」がつながっているところが、何というかいまどきはわからないような、ぬきさしならないような昔の事情があったんだろうと推察つかまつるしかない。恐惶謹言。

父が入ってくるから、ひとつひとつの名前が長くなっていく。

ある夜丹頂を夢見て孕みしがゆえに垂乳根の胎内を出でしころには鶴女鶴女と呼ばれしに成長ののち清女と、ってハチ公んとこの嫁さんの名前はいいです。キヨちゃんです。

ステパンさんの、ヴェルホーヴェンスキーという姓も無意味に長いとおもう。これはいっそのこと途中の「ヴェ」を抜いてヴェルホーンスキーでいいんじゃないかとおもう。何だったらヴェルスキーくらいまで縮めてくれると助かるんだけど、でも敵はなかなか譲らないので、読んでるこっちで勝手に縮めて読んでいたりする（いま書き写して気がついたが、実に雑に読んでたなあ、と感じいってるばかりである）。

ステパンの次に出てくるこの小説の二番手の登場人物は、ワルワーラ・ペトローヴナ・スタヴローギナさんで、彼女はのちだいたい「ワルワーラ夫人」と呼ばれることになり、これは覚えられる。ペトローヴナ・スタヴローギナは要らない。

このあと出てくるのがイワン・イワン・イワノヴィチ・ドロズドフ。

これまた、前半のイワン・イワノヴィチの部分が覚えにくい。いっそあっさりとイワン・イワンでいいんじゃないのかとおもう。デュラン・デュランみたいでかっこいいじゃん。

ドロズドフはなんか覚えられる。

これはドが二回出てきて、そこがアクセントになって「ド・・ド・」という音階のように覚えられるからだろうね。ドソレドミ、みたいなものだ。

次にまたイワンが出てくる。イワン・オーシポヴィチ。ほんとにイワンはばかなのかとおもうくらいにイワン連続だが、べつにイワンが悪いわけではないのだろう。

オーシポヴィチってのは、なんかちょっと覚えにくい。

オーシという部分は何だか親しみが持てるけど、それがポで受けられて、ヴィチと流されると、ショートのエラーボールをレフトまでが取りこぼしたような印象になって、覚えにくいのだ。外野にエラーされるととても痛い。

あと出てくるのは、リプーチンとシャートフ（飛び飛びで紹介してます）。

これは短くて覚えやすい。

やっぱ四音はいい。覚えやすい（ーが入って五文字だけど、音としては四つ）。

ただリプーチンの出た8ページあとに「リャムシン」という男が出てきて、その瞬間にリプーチンと混じってしまう。「リ」で始まる人物がそんなに続けさまに出てくるとは予想してなかったので、不意をつかれて混乱する。覚えかたがとても雑だということが自分ではわかる。

落ち着いてみればリプーチンとリャムシンは全然違う名前だけど、いつも落ち着いてないから

●『悪霊』（上）に出てくる名前羅列（当然重複しまくり）

ステパン・ヴェルホーヴェンスキー／ステパン・トロフィーモヴィチ・ヴェルホーヴェンスキー／ステパン・トロフィーモヴィチ／ステパン氏／ワルワーラ・ペトローヴナ・スタヴローギナ／ワルワーラ夫人／スタヴローギン家／イワン・イワノヴィチ・ドロズドフ／イワン・イワノヴィチ／アンドレーエフなにがし／ドゥンダーソフ家／ナジェージダ・ニコラエヴナ／イワン・オーシポヴィチ／リプーチン／シャートフ／パーヴェル・フョードロフ／ダーシャ／ヴィルギンスキー／マダム・ヴィルギンスカヤ／レビャートキン／リャムシン／カルトゥーゾフ／スロニツェフスキー／ニコライ・フセヴォロドヴィチ・スタヴローギン／スタヴローギン将軍／〈ニコラス〉／ピョートル・パヴロヴィチ・ガガーノフ／ニコライ／ガガーノフ氏／スタヴローギン氏／ニコライ・スタヴローギン／リプーチン夫人／アガーフィヤ／セルゲイ・ワシーリッチ（リプーチン）／アリョーシャ・テリャートニコフ／アリョーシャ／ガガーノフ／プラスコーヴィヤ・イワノヴナ・ドロズドワ将軍夫人／ドロズドワ夫人／リーザ／K伯爵／ドロズドワ家／イワン・イワノヴィチ将軍／プラスコーヴィヤ・イワノヴナ夫人／トゥシン／リザヴェータ・ニコラエヴナ／アンドレイ・アントーノヴィチ・フォン・レンプケ／フォン・レンプケ夫人／フォン・レンプケ氏／フォン・レンプケ／ユーリヤ・ミハイロヴナ／ドロズドワ／レンプケ／プラスコーヴィヤ（訳注ドロズドワ夫人の名前）／カルマジーノフ／ダーリヤ・パヴロヴナ(それはうちのダーシャのことですか）／ダーリヤ／イワン・シャートフ／ミス・クリーグス／ナスターシヤ／ピョートル・ステパノヴィチ・ヴェルホーヴェンスキー／ペトルーシャ／ピョートル／リザヴェータ／マリヤ／フォムシカ／G君(語り部の姓）／キリーロフ氏／ヴェルホーヴェンスキー君／レビャートキン大尉／レビャートキナ嬢／マヴリーキー・ニコラエヴィチ／マヴリーキー／マダム・シュヴァリエ／アリョーナ／イグナート・レビャートキン／ダーシカ／リーズ／ゼミルカ(犬）／アントン・ラヴレンチエヴィチ（Gの名前と父称）／ピョートル・ヴェルホーヴェンスキー／シガリョフ／シャートゥシカ（シャートフのこと）／マリヤ／マリヤ・レビャートキナ／パーヴェル神父／ワーニャ／ユリヤ・ミハイロヴナ／シャブルイキン／マダム・ルフビュール／ニキフォール（レビャートキンの詩の中にでてくる爺）／アレクセイ／ピエール／レールモントフ／アルテーミイ・ガガーノフ／パーヴェル・ガガーノフ／ノズドリョフ／チホン／フェージカ／フョードル・フョードロヴィチ／コロワーエフ／イワン・アレクサンドロヴィチ／ピョートル・ミハイロヴィチ／ワルワーラ・ペトローヴナ／フォン・ブリューム／セミョーン・ヤーコヴレヴィチ／セミョーン聖者

困っているのだ。本を読んでるときも落ち着いてないようなのだおれは。リで始まってンで終わるという類似性もいかんとおもう。リンゴ。ゴリラ。ラッパ。はいはい。

カルトゥーゾフという作家が出てくるが、これは最初に出てきたところで、訳注でツルゲーネフがモデルらしいと書かれ、しかもあきらかに嫌な感じの作家に描かれているので、ほー、ドストエフスキーはツルゲーネフにいい印象を抱いてなかったのかとおもしろくて、それで覚えられる。ツルゲとドストは3つしか違わず（ツルゲのほうが上）まったく同時代の作家である。うん。三文字にすると覚えやすいな。ツルゲとドスト。スターバックスで使ってる言葉みたいだな。ツルゲをラージで。いらん。

一人一人が覚えにくいのに、40ページくらいからたくさんの人が出てきて、無理です。アンドレーエフ、ナジェージダ・ニコラエヴナ、ナンボデモ・ニクタヴェーナ、パーヴェル・フョードロフ、マダム・ヴィルギンスカヤ、マダム・オカワリヤ、モウ・ヤメトキーヤ、ニコライ・フセヴォロドヴィチ・スタヴローギン、フョードル・エエカゲンニシトキン。ほほ。途中で写してるのがいやになって、適当に作って入れてしまいましたわ、おほほほほ。オスカル、ロシア人の名前は退屈だわよ。覚えられません。

なんかロシア語ってただ訛ってるだけなんでねえのとおもってしまうが、そんなこと言ってるとウラジーミル・ウラジーミロヴィチ・プーチンに怒られそうで、名前が長いから敵が引っ込んじゃった。何それ。

週刊少年ジャンプで打ち切られた漫画を顧みる

週刊少年ジャンプは部数が落ちたとはいえ、まだ１８０万部売れている。１８０万部だ。なかなかの数字である。その１００分の１でも売れると喜んで踊り出す活字世界とはずいぶん違う。なかなか羨ましい。

ジャンプはいまでも毎週買って読んでいて、まえは『男一匹ガキ大将』を楽しみに読んでいたのだけれど、最近は載ってないのでほかの作品を楽しみにしている。

やはり『ワンピース』がおもしろいんだがまあこれはちょっと別格で、楽しみに読んでるのは『鬼滅の刃』『ドクターストーン』『約束のネバーランド』だな。この三作はわりと最初のころから読んでいて、ずっと面白い。『約束のネバーランド』は逃亡者たちの逃亡話でいつもドキドキハラハラするし、『ドクターストーン』は新しい世界を作る話で、とてもわくわくして読んでいて（これはまさに少年向けだとおもう）、『鬼滅の刃』は鬼と戦う話だけれど、いつも

何だか切なくて、戦う少年少女たちの心情が胸に迫ってときどき泣けます。今週号（2018年52号）も泣きました。

新しいほうでは『呪術廻戦』や『アクタージュ』がここんところぐっとおもしろくなってきていて、いいですねえ。

11月末発売の2018年の最終52号の時点で『鬼滅の刃』は136話、『ドクターストーン』は84話、『呪術廻戦』は37話である。ここまでくればたぶん大丈夫。

いっぽう、あっさり打ち切られる漫画もある。2017年12月から1年で、連載が開始された作品が11本、いまも連載が続いているのが4本だけである。しかも2本は最近に始まったばかりだから打ち切られるにしても少し先になるわけで、そうなると9本始まって2本しか残っていない、ということになる（最近始まったギャグ2本は、いまのところかなり面白いので、すぐには打ち切られないとおもうけど（↓連載8カ月で1本終了、1本移籍しました。黙禱））。

ジャンプで新連載をするかぎりは、連載が続きアニメ化され、単行本もばんばん売れそうなものを狙うはずだ。おれだったらそうだね、千巻でも終わらないような壮大な物語を考えて、それで臨む。

でも、読者ハガキの支持が得られず、人気が取れず、真ん中あたりでのカラーページ表紙でテコ入れしてもらっても人気があがらず、人気がないから掲載位置がどんどんうしろになってしまい、そうなったら、大丈夫なんだろうか、これはまもなく打ち切られるんじゃないだろう

●ジャンプ連載開始終了

開始	タイトル	作者	終了	
'17年16号	ROBOT×LASERBEAM	藤巻忠俊	'18年30号	
'17年28号	シューダン!	横田卓馬	'18年6号	
'17年29号	クロスアカウント	伊達恒大	'18年7号	
'17年47号	フルドライブ	小野玄暉	'18年12号	
'17年48号	ゴーレムハーツ	大須賀玄	'18年12号	
'12年24号	斉木楠雄のΨ難	麻生周一	'18年13号	
'16年46号	青春兵器ナンバーワン	長谷川智広	'18年14号	
'18年7号	BOZEBEATS	平野稜二	'18年20号	
'17年45号	トマトイプーのリコピン	大石浩二	'18年26号	移籍
'18年16号	ジガ -ZIGA-	肥田野健太郎（漫画）、佐野ロクロウ（原作）	'18年30号	
'18年15号	ノアズノーツ	池沢春人	'18年38号	
'18年24号	紅葉の棋節	里庄真芳、三枚堂達也（監修）	'18年40号	
'18年25号	キミを侵略せよ!	稲岡和佐	'18年41号	
'04年2号	銀魂	空知英秋	'18年42号	移籍 '19年6月終了
'18年30号	総合時間事業会社 代表取締役社長専属秘書 田中誠司	天塚啓示	'18年50号	
'18年31号	アリスと太陽	凸ノ高秀	'18年51号	

かという目で見られて、より人気が落ちていって、ついに連載終了、先生の次回作に期待しよう、となってしまう。かえすがえすも残念である。

かなり壮大な構想で始まっているのに、わずか14話とか16話で完結しなきゃいけないので、こういう「短期で打ち切りの作品」は、最後がばたばたになる。

言いたいことがいっぱいあった作品は、無理くりに話を詰め込んでくる。残りの484話ぶんを（500回連載予定だったわけですね）最後の2話に詰め込んできたりして、ほとんど意味がわかんない。

もしくは、いきなり3年後とか7年後とか10万年後に話が飛んで、読者があまりの飛躍にぽかーんとしているうちに終わってしまう。そういう哀しい結末を迎える。

31号から連載が始まって51号で終わった『アリスと太陽』は、友だちのいない地味な男子高校生と、とても活発な女子高校生がコンビを組んでバンドを始めて、ふたりとも優れた才能を発揮し注目され、バンドメンバーを探して、やっとフルメンバーが揃ったとたんに、最終回になった。3年飛んで、彼らはもう世界的なミュージシャンになっていて、という最後を迎える。徐々に成功していく過程が飛ばされて、飛ばされた部分はおそらく永遠に見ることはなく、なかなか胸に迫る残念さである。

ジャンプでは「語りきられなかった残念な物語世界」が次々と生みだされているのだ。

『紅葉の棋節』（24号から40号）は夭折した天才棋士の弟が中学生ながら女性棋士に弟子入りして将棋界のトップをめざす物語で、藤井聡太くん的な展開を期待してたのに、膨大な棋譜に囲まれた勉強会で頑張っていたかとおもうと、その棋譜の山が崩れて、気付くと師匠は竜王になっていて、いつかあんたを越えると宣言して終わっていた。ただの大言壮語の中学生のまま終わったってことで、ちょっとすごい。

『ノアズノーツ』（15号から38号）はのんきそうな女子高生がイケメン考古学者と一緒に「10万年前に滅びた前の人類」について調べる壮大な物語で、彼女はじつは10万年前に一度死んでいて、そのときの記憶がかすかに残っているというお話で、彼女が何かをおもいだした瞬間に、お話も終わっていて、びっくらしました。

『ジガ－ZIGA－』（16号から30号）は怪獣ジガによって親も女友だちも失った少年の物語で、彼は繰り返し怪獣の悪夢を見るのだが、じつは彼こそが変身してその怪獣ジガそのものだった、という驚きの展開をみせ、主人公が意識をなくして街を潰す怪獣に変身しているという設定はとても新鮮で、ジガは、どうやら〝自我〟のことだったらしいのだが、その実態とその後の展開がわからないまま、おジガんです、と終わってしまいました。なんで急に大喜利になっているんだ。

すべて全貌を見せぬまま、沼の底へと消えていった物語の残滓である。沼は関係ないか。池の底に沈んでいった物語の残滓である。池にそんなものを捨てないように。

ここで成功すれば世界を制覇できる舞台であるから（「ドラゴンボール」や「ナルト」はそうでした）その世界はやはり壮大で、壮大な世界がその設定だけ見せて中身を見せないで終わると、50メートルプールの中に流しそうめんが三束だけ浮いてるのを見せられているようで、なかなか空虚で寂しいです。ちょっとすくえない。掬えないし救えないわけだ、へへ、大喜利はもういいです。また来年だ。

新書のタイトルの長さを調べてみる

新書のタイトルは、6文字以内にしてください。担当の編集者に言われた。出版社によって違うんだろうけれど、そういう方針があるらしい。短いほうが売れる、というのがひとつの戦略のようだ。長いと覚えられないからでしょう。どんどん物忘れがひどくなってまいりました。たしかに『寿限無寿限無・祐乗光乗宗乗三作三所物並びに備前長船則光四分一拵え』なんてタイトルだったら覚えられなくて本屋で買えないし、またうろ覚えの客が次々とカウンターに来て「あの、サンサクノミトコロ、あるか」「ビザンオサフネください」「七重八重花は咲けども山吹をって感じの本」なんて言い出して大混乱になってしまう。なんで寿限無と金明竹が混じってるんだよ。客も道灌と間違えてるし。

新書は平積みされてるあいだに売れなかったら終わりですね、とも言われた。つまり新刊で平積みされる1カ月勝負ということで、まあ、雑誌と同じだ。1カ月過ぎてもいちおう棚には

1冊だけ入れてもらえたりするが、なんかほとんど言い訳みたいなものらしく、息長くずっと売るような商品ではなくなっているようで、まあ、21世紀の新書はせわしないですわ。タイトルと売る期間とスピーチは短いほうがいいと言いますからな、がはははは。おもしろくないっす。

ほんとに新書のタイトルは短いのか、ちょっと見てみる。

岩波新書の２０１８年12月刊行の新書は4冊で、タイトルをくっつけると「フランス現代史保育の自由物流危機は終わらない平成の藝談歌舞伎の真髄にふれる」となってしまいます。37文字。連ねると不思議な雰囲気が出てくるなあ。まあ1冊9文字少々だ。最後の「歌舞伎の真髄にふれる」てのはサブタイトルだから、それを抜くと27文字で1冊7文字足らずになる。たしかにそんなに長くはない。

そういえばサブタイトルまでタイトルの文字数に入れていいのか、そのへんがよくわからない。キケロだとどう考えるのだろう。いちおうサブタイトルまで入れて正式名称だから、入れて数えるものではないかとおもうぞキケロ。そうですね。本タイトルが短いけれどサブタイトルがかなり長い新書もたくさんありますツキジデス。

岩波新書では「アナキズム」という本が11月に出てるけど、これはサブタイトルも入れると「アナキズム　一丸となってバラバラに生きろ」で19文字、本とサブのあいだにスペース1文字ぶんとると20文字ぶん使うことになるアナキズムだ。

サブタイトルをやたらと入れる新書とあまり入れない新書があって、たとえば講談社のはけっこう入っていて12月の4冊は本タイトルだけだと「老いた家 衰えぬ街　内戦の日本古代史ジャポニズム　「影の総理」と呼ばれた男」で34文字。サブタイトルを入れると「老いた家衰えぬ街住まいを終活する内戦の日本古代史邪馬台国から武士の誕生までジャポニズム流行としての「日本」「影の総理」と呼ばれた男野中広務権力闘争の論理」と76文字となって長いぞ。よく柿を食う客だ。まあ柿ぐらい食わしてやれ。

中公新書もサブをけっこう入れてくる。

11月の4冊本タイトル「日本画の歴史 現代篇、日本画の歴史 近代篇、宣教のヨーロッパ、小泉信三」で30文字だけれど、サブをぶちこむと「日本画の歴史現代篇アヴァンギャルド、戦争画から21世紀の新潮流まで日本画の歴史近代篇狩野派の崩壊から院展・官展の隆盛まで宣教のヨーロッパ大航海時代のイエズス会と托鉢修道会小泉信三――天皇の師として、自由主義者として」１０５文字で、古池に飛び込んじゃいますよ。かわず。

いっぽう比較的サブを入れないのは文春新書や平凡社新書。文春新書12月の3冊は「一切なりゆき　日本プラモデル六〇年史　仏教抹殺」である。なんか１つのタイトルみたいにも見えるな。ちょっと読んでみたい1冊ではあるな。読めないけど。

適当に10社の新書のタイトルを数えたところ、サブタイトルまで入れた正式タイトルで長いのは中公新書、最近2カ月の９冊のタイトル文字数合計が１８９文字で、１冊平均21文字。長

●新書タイトル文字数調べ（2018年11〜12月刊行）

新書名	冊数	サブタイ入り		サブタイ抜き	
		文字数	平均	文字数	平均
ちくま新書	14冊	267文字	19.07文字	117文字	8.36文字
新潮新書	8冊	150文字	18.75文字	67文字	8.38文字
角川新書	7冊	100文字	14.29文字	56文字	8.00文字
岩波新書	10冊	90文字	9.00文字	76文字	7.60文字
光文社新書	11冊	121文字	11.00文字	131文字	11.91文字
講談社現代新書	8冊	149文字	18.63文字	66文字	8.25文字
集英社新書	7冊	95文字	13.57文字	66文字	9.43文字
中公新書	9冊	189文字	21.00文字	62文字	6.89文字
文春新書	7冊	68文字	9.71文字	68文字	9.71文字
平凡社新書	4冊	27文字	6.75文字	27文字	6.75文字

い名前だ。金明竹でいえば「祐乗光乗宗乗三作三所物並びに備前長船則光四」までで21文字だから、平均的にこれぐらいのタイトルが付けられてることになるぞ中公新書。サブを抜いた平均が6・8文字なので、つまり『祐乗光乗宗乗三〜作三所物並びに備前長船則光四〜』というような感じになっているわけだ。〜がサブタイトルですね。まあ、まったく内容のわからん本だけど。

えーと、サブタイトルを抜いても長いのは光文社新書で、11月12月の11冊タイトル（サブ抜き）でも「暴走トランプと独裁の習近平に、どう立ち向かうか？武器になる思想お金のために働く必要がなくなったら、何をしますか？百まで生きる覚悟自炊力二軍監督の仕事認知症の人の心の中はどうなっているのか？残念な英語恋愛制度、束縛の2500年史残業学ぶれない軸をつくる東洋思想の力」となる。よく聞くからだね。タイトルで問いかけてくると長くなるとはおもわなかったんですか？　なんて質問に質問で返さないように。

短いのは平凡社新書。

「三島由紀夫と天皇自民党という病ガンディー麦酒とテポドン」と4冊で27文字。平凡社新書は1カ月に2冊づつしか出してない。月ごとの刊行点数もさまざまで、平凡社は2冊づつだけど、ちくま新書は7冊づつ出していて、2カ月で14冊タイトル全部あわせると267文字になってしまう。元日から1日1文字づつ読んでると9月末まで掛かってしまいますぞ。気長に読んでください。

ジャンバルジャンはどれぐらい出てこないか

『レ・ミゼラブル』は長い。

とても長い小説だ。

岩波文庫で4冊、新潮文庫だと5冊になる。読むのも大変だ。なかなか一挙には読めない。休み休み読むしかないけど、そうなると時間がかかって、5年で読み切るつもりが、何度も何度も脱落して、気が付いたら19年かかってしまって、まるでジャンバルジャンじゃないか、と叫んだ人がフランスのローザンス地方にいた、という話を、いまのところまだ私は聞いたことはない。ローザンス地方ってどこざんす。

おらが最初に読んだのは小学校5年のときに塾の図書室で借りた本で1968年のことだとおもう。

昭和の少年小説ではタイトルはもちろん『あゝ無情』で1冊にまとまっていた。いまでも講

談社青い鳥文庫だと1冊である。

主人公はジャンバルジャン（むかしからこの名前のどこで区切ればいいのかよくわからない）、貧乏のためにパンを1つ盗んで、そのために19年も牢につながれていた人である。ああ。パン1つで19年。ああ。無情。

『あゝ無情』はどんな小説なのかと聞かれたら、それで全部である。パン1つで19年。以上。付け加えるのなら、暗くて哀しいお話。以上以上以上。

あまりに知らなさすぎる。

そうおもって、2000年代に新潮文庫で通して読んだ。いま出てるのの前の版（佐藤朔の訳）。

大人になって読んで驚いたね。

無駄に長い。

ストーリーとまったく関係のないいろんなことをユゴーくんが勝手に書きまくって、読者はジャンバルジャンはどうなったんだよ、とおもいつつもユゴーの与太話にずっと付き合っていくしかない。

どれぐらいストーリーと関係ない部分が出てくるのか、ちょっと数えてみることにした。

この物語はジャンバルジャンのお話なので、彼がどれぐらい出てこないか、つまりジャンバルジャンと関係のない話がどれぐらい続いていくかを行数で見ていきたいとおもいます。

まず第1巻。

この物語は5部に分けられていて、新潮文庫は1巻づつそれに対応している。

第1巻は第1部で「ファンチーヌ」がサブタイトル。

第1巻、冒頭からジャンバルジャンが出てきてくれない。

京都の塾で借りた『あゝ無情』ではすぐさまジャンバルジャンが出てきてたようにおもうが、大人の『あゝ無情』は出ない。ビヤンヴニュ司教というとても真面目な司祭が出てきて、彼の生活やその周辺のことがずっと描写される。それが1594行。89ページぶんです。

文庫1巻全部で4711ページの8413行。

ジャンバルジャンに出会う前に読むのをやめた人も文久年間にはたくさんいたんじゃないかと心配になる。江戸にはいなかったろうけど、文久の仏蘭西や白耳義にいただろう。白い耳の義ってすごいなあ。どんな義だろうって、ベルのギーですね。

90ページめからジャンバルジャンが出てくる。司祭の館からモノを盗むが司祭に許され改心して、そこで再び彼は消える。

ジャンバルジャンまず1559行だけ。

そのあと1817年のパリ風景と若い男女が描かれファンチーヌが出てくる。ジャンバルジャンは出てこない。出てこないのが1222行ぶん。

つづいてジャンバルジャンらしい人が地方の都市で事業に成功して市長になっているシーン

になる。もともとの犯罪者が市長になるまではめちゃ速いですね。6ページで市長になっている。

そのあとは1巻終わりまで、ずっとこの「マドレーヌと名乗っているが実はジャンバルジャン」とファンチーヌの物語となっていて、とてもおもしろいです。

でも2巻に入ったとたん、多くのベルギー人と日本人は困ることになる。いきなりワーテルローの戦いの話になる。

ジャンバルジャンがどうなったのかわからないまま、ずっとワーテルローの戦いの話が続く。ユゴーはとにかくこの戦いでナポレオンが負けたのが口惜しいらしい。それだけは伝わってくる。延々1479行にわたり、もし雨が降ってなかったらなあ、プロシア軍を案内する小僧が近道を教えなかったらなあ、というような話が続く。一種の戦記ものなので、おもしろいことはおもしろい。

『レ・ミゼラブル』を通して読んで、まず最初に面食らうのはここである。物語と関係がない。最後60行くらいで無理矢理に物語につなげるが、けっこう無理がある。ワーテルローについて1400行も書く意味はない。14行で済む。ユゴーくんは書きたいように書くので、それについていくしかない、と覚悟を決める瞬間である。あいまにはさまってる物語はめちゃくちゃおもろいのに途中で話し手が自分の感想を入れだして、落語でいえば「地噺」ってやつだけど、ユゴーの考えを拝聴するしかなく、偉い人と飲んでたらこうなるのはしかたがないと、ユゴーの噺を居酒屋で聞いてる気分で読みすすめるしかない。

2巻はそのあと「修道院と宗教に関するユゴーのうだつき」がまた1195行ほど入って少しお話は止まるが、それ以外はジャンバルジャンが逃走し、コゼットを救いだし、警察に追い詰められて修道院に逃げ込むという展開をはらはらどきどきで読むことになる。

3巻に入ると、こんどは「マリユス」というまったく知らない青年の話になり、彼の周辺の描写に終始し、この巻では、はっきり「ジャンバルジャンその人」は描写されない。そのまま4巻に入り、さあどうなる、これからおもしろくなるところではありますが、ああ、まだ3巻までしか読み終わってないので、続きは次回。

続・ジャンバルジャンは どれぐらい出てこないか

『レ・ミゼラブル』を全部、読んだ。

文字の小さい旧版（1行41文字）だから全部で39899行だった。あー、だから3万9千と899行です。「産休や救急《39899》」と読むと覚えやすいです。どんな状態なんでしょう。まあ産休だったり救急だったりしてるのだとおもいます。

せっかくだからその行数をもとに全体の図解グラフを作ったど。どーん（次々ページ）。世界初だ。とおもうが、19世紀のフランスやベルギーにどんなマニアがいたかわからないので「世界初ではないかとおもわれる、とおもっている、人がいる」くらいにしておきます。弱気ですな。はい。

全5部で5巻に分かれていて（新潮文庫）、それぞれ細かく章に分けてあって合計48章。その章は誰の物語か（その章の主人公は誰か）を割り振っていきました。

ジャンはバルジャンで、ファンはファンチーヌ、マリユはマリユスです。

さて、問題は「〝話が脱線すると全然もとに戻さないユゴーのおっさん〟の〝うだつき〟」にあります。この人はほんとに気が済むまで喋りきりますからね。「うだつきの悪《わる》」ですな。ふふ。おもしろい。と自分でおもったけど〝うだつき〟が通じてなさそうで、ちょっと残念。

そのユゴーおっさんのうだつきは、黒地に白抜きの文字にしてあります。1巻では少しだけ、2巻でどーんと出てきて、あと繰り返し出てくる。

いちおう物語の背景を説明している。

でもそんなに長い必要はない。すごいと千行を越えて説明するけど、ほんとは10行あれば何とかなるとおもう。

でもユゴー翁は語りたいとおもったら語りきるまで語ります。

1巻の「1817年パリの世情」は、とても詩的で素敵だし、2巻「ワーテルロー」は史談なので講談のようにおもしろいけど（長すぎるが）、そのあとの「宗教」「浮浪児」「隠語」などは、かなり退屈である。読み切るのがつらい。

たぶんそこで脱落して読み切らなかった人が多かったとおもう。

それからグレーにしたところ、1巻の「司教」「男女」、3巻の「ガヴ（ローシュ）」から「ABC」、これは「読者が知らない人についていきなり長い説明に入っているところ」ですね。

ジャンバルジャンについてお話を追っていても、ここではバルジャンの姿が描かれず、よく知らぬ人たちについて延々と話が続いて混乱する。ここもまた頓挫する箇所ですな。

問題は魔の3巻ですな。2巻で、ワーテルローと修道院&宗教の「とても長いうだつき」を乗り越え、ジャンバルジャンも警察官ジャヴェールに追い詰められ修道院の塀を乗り越えて逃げ切り、めっちゃハラハラドキドキ、まさに手に汗握ってバルジャン、さてこれからどうなるノルマンと3巻に入ると、延々とバルジャンは出てこないバルジャン。ついに3巻は出てこず、4巻の90ページを越えてやっと出てくるという、すごくバルジャン不在の時間が長い（彼らし

●『レ・ミゼラブル』各章の主人公

い人の姿は何度か描かれるがその実情はここまで明かされない)。3巻で脱落した日本人やルクセンブルク人も多いはずだ。

もちろん「産休や救急」39899行読み切ると、「よく知らない人たち(とくにマリユスやその周辺の人々)の細かい描写」の意味がとても理解できるのだけれど、それは最後までたどりついた人しか味わえない孤高のおもしろさでありますな。

ただ「ワーテルローや宗教や暴動や隠語をどう考えているかを説明したユゴー爺さんのうだつき」は読み終わっても釈然とせず(小説として必要だった部分にはおもえず)、ただただユゴー爺さんのいろんなものに対する恨み辛みだけがずーんと胸に残るだけで、長い小説を読むといろんなものを手渡されてしまいます。

とにかく読んでる途中で、何を追いかければいいのか、繰り返し不安になるし、それが繰り返されるので、ひょっとして19世紀の読者たちは、不安定な気持ちになりたくて小説を読んでいたんじゃないかしら、とおもってしまう。どうなんだろう天保の江戸人、文久のパリ人。誰も答えてくれませんね。パリのアメリカ人。はい。

ジャンバルジャンに関する物語だけが飛び抜けて面白い、という余計なことも発見してしまった。他のキャラとキャラの立ち度合いが違うのだな。マリユスとかあまりキャラ立ってないもん(ユゴー爺さんの若い時代の投影と解説されていた)。バルジャンが動くと物語が緊張します。それゆけバルジャン、飛べバルジャン、万能の戦士だバルジャン。失礼します。

あとがき（これも堀井憲一郎くんが書いている）

いやはや、まえがきもあって、あとがきも書くなんて豪儀だね。

連載をまとめて読むと、重なってたり偏ってたりすることが目につく。「文庫本」を調べていることが多く、べつだん文庫本の調査というテーマは設定されていないのに、なんか文庫調査ばかりである。本の雑誌を文庫の雑誌だとおもってるんじゃないか。いや。おれが。そうかも。

文庫でも「注」が特に気になるようで、これについて複数回とりあげている。まあ、しかたがない。

あと、冗談がそこかしこで重複していた。

原稿を読んだタントーさんから丁寧に、こちらの冗談とこちらの冗談が重なっています、という指摘をいただいて、連載のときは1年とか2年とかあいだが空いてるからいいんだけど、本になると冗談かぶりはあまり冗談にならない気配で、「このあたりがあなたのギャグの限界ざますね」と指摘されているようで、アナがあったら雪の女王になりたい気分だわ。謀反です、謀反です、エルサ女王、妹ぎみアナさまの謀反にございます。大変だそりゃ。

にその周辺の冗談もいじってしまった。

「ギャグがかぶってます」と指摘されたら、そりゃ直したくなります。直しましたよ。ついで

まあ、連載のときと冗談が少し入れ替わってるという話です。

調査の部分は変えてない。というかいまさら変えられないような調査ばかりだからなあ。へ

へ。すべて独自研究の恐れがあるわけだが、独自研究で悪いか、というしかない。毒入り牽牛

で悪いかとも言ってみたいが、毒入り牽牛はだめでしょう。織姫が怒ります。いや、怒らない

かも。かえって犯人は織姫側の者だったりして。そうか。そこに天の川連続殺牛事件の謎があ

るのか。牛が……牛が……牛かよ。

221ページの1970年代の京都の本屋の地図はわたしの記憶をもとに、そのころよく一

緒に本屋通いをしていた友人のモトムラくんにも確認して作った。1977年の秋のモトムラ

くんの20歳の誕生日に（どちらも二浪生だった）20冊の文庫本をプレゼントして（キシモトく

んと2人であげた）そのとき河原町通りのそれぞれの書店で買ってそのカバーごとあげたら、

物持ちのいいモトムラくんはカバー付きのまま いまも持っていて、書店カバーからの情報もも

とに再現してみたのでした。わりと捨てられてしまう書店のカバーもそれなりに貴重な資料だ

なあ、とおもっている2019年の夏はやっぱ暑いじゃん。ビールいくよ。

ぢゃまた。

堀井憲一郎（ほりい・けんいちろう）

コラムニスト。1958年、京都のほうの生まれ育ち。早稲田大学の第一文学部に入り、伊勢物語に関する卒論を6時間で書き上げようとしたが書き上げられず、その後の記憶がないまま、卒業した。卒業後にはよく花火を揚げる人になった。あちこちでいろいろ書いてる。著書多数。きちんと数えると新著としてはこの本が32冊目。前の落語の本が31冊目で、次のTVの本が33冊目になる。そういう勘定が得意なコラムニスト。なんちって。

初出「本の雑誌」2015年2月号〜2019年4月号
日本音楽著作権協会（出）許諾　第1909841-901号

文庫本は何冊積んだら倒れるか
ホリイのゆるーく調査

二〇一九年九月二十五日　初版第一刷発行

著　者　堀井憲一郎
発行人　浜本　茂
印　刷　中央精版印刷株式会社
発行所　株式会社　本の雑誌社
〒101-0051
東京都千代田区神田神保町一―三十七
友田三和ビル五F
電話　03（3295）1071
振替　00150-3-50378

定価はカバーに表示してあります
ISBN978-4-86011-434-3　C0095